U0899155

梦里梦外，

哪个是真的你？

中国解梦师解梦实录

心灵真相

成实宗 著

中国商业出版社

图书在版编目（CIP）数据

中国解梦师解梦实录. 心灵真相/成实宗著. —北京：中国商业出版社，2012.3
ISBN 978-7-5044-7613-5

Ⅰ. ①中… Ⅱ. ①成… Ⅲ. ①梦—精神分析
Ⅳ. ①B845.1

中国版本图书馆CIP数据核字（2012）第047545号

责任编辑：王　彦

中国商业出版社出版发行
010-63033100 www.c-cbook.com
（100053 北京广安门内报国寺1号）
新华书店总店北京发行所经销
北京慧美印刷有限公司

* * * * *

700毫米×980毫米 1/16开 16.5印张 220千字
2012年5月第1版 2012年5月第1次印刷

定价：32.90元

* * * *

（如有印装质量问题可更换）

目录

一、难言之隐

——地下情女友遭遇老板狙击

回想一下，在你的情感经历之中，有没有与人争夺过女朋友？是辉煌的战绩还是沉痛的伤害？现在如果你的女朋友被别人看上了，那人想撬你的墙脚，你会怎么办？我相信你一定会义愤填膺，挽起袖子来准备决战一场。

先别这么激动，如果那个想撬你墙脚的人不是别人，而是你的老板，怎么办？我想你肯定会说，老板又怎么样，天王老子也不怕，谁撬我墙脚，我就跟谁急。

但是，如果你、你女朋友以及老板都是同一个公司的，而且三人之间的关系很微妙，你觉得这件事情会这么简单吗？这口气，你是忍还是不忍？或者说，这口气，你不得不忍！

你看不起这样的人？先不要急着下定论，先来看看这个故事吧，如果你是故事中的主人公，看看你会不会忍下这口气？！

二、甲流

——男友身后的前女友

如果你不可救药地爱上了一个男人，而那个男人也深深地爱着你，那是多么幸福的一件事情啊。不过，如果男友还有一个前女友，跟男友保持着联系，你会介意吗？我相信现在的很多女孩心胸都不会那么狭窄。但是，如果这个前女友现在身患绝症，而男友觉得自己亏欠她很多，发誓即使不跟她在一起，也要照顾她一辈子。这时候的你会是什么样的感受呢？在感性和理性之间，你会作出什么样的抉择呢？让我们来看看这个真实的案例吧！

三、手臂上的小辫子

——未婚先孕之后的抉择

未婚先孕对于现在的人来说应该不是一件什么大事情。但是，对于第一次怀孕的女孩来说，应该还是一件大事情，特别是，当男友并不在身边，而自己又必须独自面对人流的时候，该是怎样的一种心境呢？如果你遇到这样的事情会怎样处理呢？你有多大的勇气来独自面对和处理这样的事情呢？让我们来看看下面这个案例中的爱情之心是如何跳动的吧。

四、十字路口

——无处可逃的人生困惑

一位温和善良的32岁女孩，硕士毕业，爱瑜伽，爱写字，也爱为他人着想。她学的是医学，做过健康顾问、瑜伽教练和文案策划，爱看《非诚勿扰》，喜欢《非诚勿扰》的主持人孟非和乐嘉，也喜欢郭德纲。

平时爱看影视剧，喜欢《夏娃的诱惑》里的学长尹享哲、《肖申克的救赎》里的安迪、《反恐24小时》里的杰克·鲍尔和《东京爱情故事》里的赤名莉香。她一直希望自己能像莉香那样坚强，也一直希望自己的男朋友像尹享哲一样，或者有个这样的男性学长也很好。喜欢安迪的不放弃希望，喜欢杰克·鲍尔的无所不能、能被人依靠。

信佛，喜欢看书。喜欢中医类和台湾身心灵一类的书。最喜欢的是苏菲亚·布朗的《灵魂之旅》，因为喜欢探索灵魂，喜欢天使。

然而，就是这样一个女孩，却面临着生活的一些困境——家族冲突、事业迷惘、婚姻哀怨、人生抉择。她苦苦挣扎，却感觉到自己的柔弱和无力，总是感到一种内心深处的深度绝望和无助的情绪。

五、照片风波

——传统思想下的道德焦虑

艳照门事件给国人带来了不小的冲击，这种冲击其实是因人而异的，有些人注重其隐私权的部分，还有些人注重其道德的部分。下面这个案例发生在艳照门期间，我们来看看，艳照门事件对一位具有传统道德羞耻感的女孩会造成什么样的心理影响。

六、婚宴的应激

——婚姻对于我们来说到底意味着什么?

关于婚姻最著名的比喻应该要算钱钟书先生所说的“围城”——里面的人想出去，外面的人想进来。然而，婚姻真的就是人类一种简单的单向行为冲动吗？婚姻到底带给围城内的人和围城外的人一些什么样的“利益”呢？这无论是对于围城内外的人还是骑在城墙上进退两难的人来说，都是需要思考清楚的问题。

然而，婚姻的问题靠思考就能想得清楚吗？这犹如那个关于成佛的著名论断：佛不是单靠“悟”可以悟出来的，还要“行”——修行修行，重点在行啊。

婚姻其实也是一种修行，婚姻是两个人各自打碎自我揉在一起，并重新再分离出两个你中有我、我中有你的新自我的过程。因此，婚姻的过程就是一种人性的修行过程，修行得好，你的人生就是一种圆满，否则，我们永远不能成佛，只能在暗无天日的地狱中煎熬。

七、七情

——职场上流言飞语的情绪困惑

职场就是江湖，江湖有传说，职场就有流言，当关于你的流言满天飞的时候，你会怎么办？你会惊恐、愤怒、沮丧还是漠然？这可能取决于流言的性质和你的处事态度。但是，对于一个涉世未深的职场新丁来说，流言飞语的伤害又有多大呢？

八、剪不断理还乱
——女博士与导师之间的师生纠葛

经历过与导师之间的那种纠结的关系吗？一方面，“一日为师终生为父”的传统观念禁锢着我们。另一方面，当我们成长到足以独立的时候，我们有开宗立派的渴望，我们有学成“下山”的冲动。然而，不是每一个导师都能够有如此的胸怀，他们同样面临着一种分离焦虑，这种分离焦虑导致一种紧张的师生关系，困扰着学生的心灵成长，有时候甚至背上沉重的心理负担和压力，导致事业和人生跌入低谷，陷入无边的抑郁之中……

一位梦女在网上慕名找到我，希望我能帮她解梦，因为她正面临着人生与事业的困惑。后来我才知道，这是一位很有才华的女博士，在一家科研机构工作，身处心灵和职业的双重困境，她苦苦挣扎，有些迷失自己了。下面是她在这一段时间内一系列密集的梦境，透过这些梦境，我们来看看她的困惑以及困惑的根源。

九、锵锵三人情

——友情与爱情的边界

体验过三人行的这种情感吗？一女两男或者一男两女，说不清道不明的情感纠葛，但就是喜欢在一起，享受这种感觉，直到……直到这种平衡被悄悄打破，某两个人悄悄地走得更近了，而另一个人却仍然蒙在鼓里。直到……直到这另一个人作为最后发现的一个人，顿时觉得五雷轰顶，天塌下来了。接受不了的，其实不全是情感关系的亲疏远近，更多的是等距离结构关系的破坏所带来的不适以及一种貌似受骗的感觉——为什么不告诉自己？当全世界的人都知道了时，为什么自己像傻瓜一样会是最后知道的那一个？然而，对于另外那两位当事人来说，这样的事情又如何开口？如果开口，又情何以堪？

这个案例中的三人是由哥哥嘻哈、姐姐嘻嘻和妹妹哈哈所组成，他们铁三角的友情曾经不知羡煞多少人。然而，随着时间的流逝，三人之间的关系在发生着微妙的变化，虽然从表面上来看，大家似乎看不出任何异常。只有梦境能悄悄告诉我们正在发生着什么……

总 序
梦是人格开出的花

曾奇峰

笼统地说，每个人都活在两个世界里，一个是现实世界，另一个是梦。分辨现实与梦，似乎是一件很容易的事情，但是往深处想，却并不容易。电影《盗梦空间》那个旋转的陀螺，在梦中也是可以倒下去的：因为梦可以呈现现实中的一切。

现实世界从来不是平面的，我们的过去会以丰富的形式和内容影响我们的现在，这使得所有的现实都有历史的纵深感。而梦比现实生活更加具有纵深感，因为我们的感觉器官在做梦的时候相对迟钝了，所以历史事件获得了跟现实事件一样的表达机会，从这个意义上来说，梦是一个时间搅拌机，它把过去、现在还有未来混在一起，让人活在一个更加有整体感的状态中。这让人想起铃木大佐的一句话：开悟，就是一种整体感。这样说来，梦中的状态，似乎比现实状态更有价值。

《金刚经》里佛如是说：人生如梦又如电。这说出了现实和梦的最大的共同点，即都不过是大脑和身体的电生理反应而已。从这个意义上来说，释迦牟尼是人类首个最伟大的电生理学科学家。我不知道我这样说，是褒佛还是贬佛。

构成一个人的梦的纵深感的内容有三个层面。第一个层面是整个人类的集体记忆。弗洛伊德赋予俄狄浦斯王的故事的意义，即对弑父娶母的禁忌，为什么基本适合所有文化中的个体？就是因为在我们记忆的最深处，都有这一共同的印记。

构成梦的第二个层面，是每个人类个体在今生今世的独特经历，特别是童年经历。学过精神分析的人都知道，这等于是在说这个人的人格特点。梦如其人，其实比文如其人、病如其人来得更加全面和深刻。

第三个层面是，这个人身处的现实冲突。这算是最浅层的了。而且，如果不考虑一个人的人格特点，这些梦里呈现的现实冲突，可以说并没有什么意义。

考察人类的集体记忆，一定是一件非常有趣的事情。但是，毕竟那些东西太深了，而现实冲突又总是跟个人人格紧密相连，所以，理解梦的核心，就是从梦者的人格入手。梦是一个人的人格土壤上开出的鲜花。

我的职业是精神分析，分析梦是我工作的一部分。但我对梦的兴趣跟成实宗兄相比，实在是非常小了。多年以来，成兄怀着对人类内心生活的极大兴趣，连续不断地记录和分析自己和他人的梦，成绩斐然，单就是几百万字的案例积累，就足以让我这个专业的精神分析师汗颜。

在成兄的文字里，梦所呈现的现实冲突、人格特点，像电影一样鲜活生动。如果说一切记忆都会寻求表达，那么，成兄的表达，对于他、我以及你，都有非同寻常的意义。

我知道这对我个人的意义：梦既是过去，也是未来，但最重要的，是理解我身处其中的当下。所以，梦非梦，梦是别样的现实，梦是我生命的本身。

祝成兄和所有喜爱成实宗作品的读者，有好吃、好喝、好玩，更有好梦。

2011年，于中秋节后的武汉

前 言
梦是我们躲躲闪闪的心灵

人生到底有多少遭遇？也许你已经麻木，因而难以察觉；然而你的心灵，却无时无刻不在承受着来自现实和心理的双重遭遇，它被压抑在你的内心，维持着你表面平静的生活。它其实蕴涵着巨大的能量，如果不在沉默中灭亡，就一定会在某一天在沉默中爆发。

现代人面临的最大困惑，就是找不到自己心灵的家园——所谓丧家之犬的状态。寻找心灵的家园，其实就是寻找良心所在，寻找我们心“安”之处，说到底就是一种心定神宁的生存状态。

良心在，一切在。否则，我们就失去了存在的价值和意义。

然而，对于现代人来说，这又是多么难以做到的一件事情啊。面对生存和生活压力，面对有限的资源，我们必须竞争。

我们有生存竞争，有资源竞争，有物质竞争，还有争夺人的竞争——无论是职场的人才竞争也好，还是争夺所爱的人的爱情竞争也好。

在这样一个充满竞争的环境中，我们的良心又如何能够抵御得住生物基因的本能——利己原则的侵蚀呢？在这样一个充满竞争的环境中，我们的心灵已经完全没有立足的空间。即使我们并不想追名逐利，只想退守自己的精神家园，然而，“树欲静而风不止”，在如此强大的社会环境和激烈的生存环境包裹下，我们的心又怎能“安”呢？即使“安”，又能“安”在何处呢？

幸亏我们还有梦境。是的，梦境是现代人心灵的最后一个避难所，梦境似乎可以成为我们心灵的安身之处。然而，梦境也并非我们想象的那样是一块“净土”，这个避难所已经面目全非，无法真实地反映我们内心深处的良知。更加严重的是，在残酷的外部世界的折磨下，我们已经失去了面对人生的勇气。在这里面蜗居的，只是我们躲躲闪闪的心灵。

所谓躲躲闪闪的心灵，就是良知尚存但是无法面对现实的心灵——我们已经失去了良知的行动力，而只剩下廉价的良心。良心表面上是利他的，但是实际上却是利己的，因为良心是我们精神家园的基石，没有了良心，我们就失去了存在的基础。当然没有了良心，人照样可以存在，这种状况在这个浮躁的社会里我们已经见怪不怪了，但是这时候的存在状态已经不能用“人”这一概念来涵盖了。

所以，虽然良心是利己的，虽然我们的心灵仍然是躲躲闪闪的，只会在黑暗的夜晚中在我们的梦境中出现，然而，对于现代人来说，能做到这一点，已经犹如久旱之后的甘霖，是我们精神家园最后的慰藉……

本书将向各位揭示的八个系列解梦案例，都是来源于真实的个案，来源于我们在现实中心灵的遭遇。他们不像我们大部分的人，不仅在现实生活中麻醉自己的心灵，而且对待梦境也同样采取麻木漠视的态度，这无异于将自己的灵魂完全地舍弃，下定决心要过行尸走肉般的生活。他们没有这样做，而是勇于正视人生的困境，勇于正视心灵的遭遇，他们没有患得患失，怨天尤人，而是以百倍的勇气和智慧面对人生困境和遭遇，并且勇于寻求帮助。如果没有梦境的帮助，我不知道他们是否能够面对、摆脱或者战胜这些无法逃避的人生困境，但是我至少可以这样说，通过解梦的帮助，他们可以大大地缩短处理这些困境所需要的时间，而在这个过程中他们的心理承受能力也得到了大大的加强。

在此，我要感谢给我提供案例的各位，是他们的勇气和智慧让我们可以在此共享人类最隐秘的潜意识世界中的善和恶，因为他们的梦境就是我们的梦境，他们的世界就是我们的世界。这种分享，可以让我们能够正视自己的心灵，朝着认识我们自己的方向迈进一大步。

我想，这就是本书的意义所在吧。

一　难言之隐

——地下情女友遭遇老板狙击

回想一下，在你的情感经历之中，有没有与人争夺过女朋友？是辉煌的战绩还是沉痛的伤害？现在如果你的女朋友被别人看上了，那人想撬你的墙脚，你会怎么办？我相信你一定会义愤填膺，挽起袖子来准备决战一场。

先别这么激动，如果那个想撬你墙脚的人不是别人，而是你的老板，怎么办？我想你肯定会说，老板又怎么样，天王老子也不怕，谁撬我墙脚，我就跟谁急。

但是，如果你、你女朋友以及老板都是同一个公司的，而且三人之间的关系很微妙，你觉得这件事情会这么简单吗？这口气，你是忍还是不忍？或者说，这口气，你不得不忍！

你看不起这样的人？先不要急着下定论，先来看看这个故事吧，如果你是故事中的主人公，看看你会不会忍下这口气？！

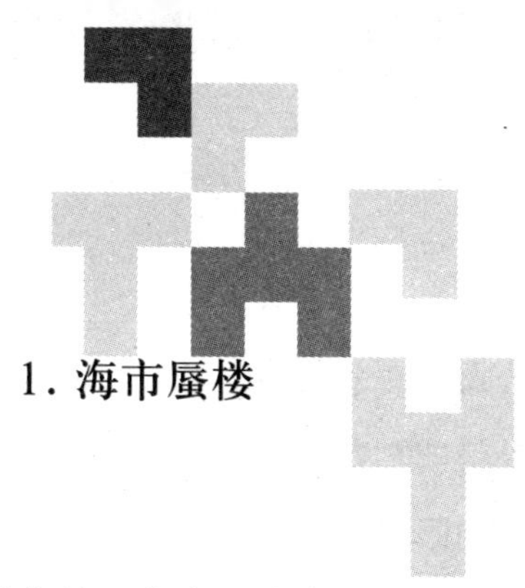

1. 海市蜃楼

我的一位男性朋友，与单位的一位女同事有了地下情。他最近做了一个梦，梦中竟然出现了海市蜃楼。具体梦境是这样的：

我和同事们在一条船上探讨什么问题，突然看到远处水面上出现了海市蜃楼，然后如同镜头拉近一般越来越大，越来越清晰，似乎是一个欧洲古代的皇宫或者城堡，非常壮观。城堡越来越靠近，水流也越来越湍急，眼看城堡已经到了眼前，轮船直接撞上去了……一切都烟消云散了，我从轮船上跨到河堤上，天上下着雨，河堤上搭满了帐篷，就像灾后的情景。我和其他的人三三两两地蹲在河堤上，衣衫褴褛，就像灾民一样。

这时候镜头转了，我们在开会，似乎在讨论公司的战略报告，这个报告是公司老板亲自组织编制的，但老板没有在现场。不知什么原因，在会上我大发雷霆，猛烈抨击这个战略方案，认为这是一个白痴方案，因为它不顾公司现状和市场情况。我有理有据地提出了自己的方案，获得了在场所有人的赞赏，甚至其中有一个同事义愤填膺地伸手把贴在墙上写着方案的白板纸给撕了下来。这个同事是我平时讨厌的，但在梦里我对她的行为表示了赞赏，并且说：平时没看你做过一件好事，这次总算看到你做了一件像样的事情。

这是一个什么样的梦呢？为了探讨这个梦境，这位朋友向我透露出了最近发生的事情。

这位朋友最近与单位的一位女同事发生了办公室恋情，起因是这位女同事的失恋。

这是一位大学毕业不久的女孩，青春活力，长着一双笑眼，有着迷人的笑容，分到公司后在朋友的部门工作，当时对我的这位朋友十分仰慕。两人的关系相处得非常好，常常在一起聊天，朋友可以从女孩的眼中看到一种爱慕和期盼的眼光，朋友似乎也有一些摇动。但是，当种种迹象表明这个女孩还是一个处女时，中年男人的困惑便产生了。

各位知道，中年男人都有处女情节，连做梦都会有，这是一种时代的烙印，因为现在的中年男人都成长于传统保守的时代。但是，中年男人又有一种强烈的道德感，特别是对于知识阶层的男人。一方面，具有强烈的家庭责任感和设身处地为他人着想的道德责任感，愿意为家庭当牛做马，吃草挤奶；另一方面，不愿意伤害别人，特别是不愿意带给别人创伤性的心灵伤害——有时候虽然这种所谓的心灵伤害对于当事人来说也许并不是如此。但是，在他们心里，会自己来背负这个道德的十字架。

其实中年男人的困惑与更年期的女人是一样的，都是对时光流逝和青春不再的恐慌，有一种强烈的危机感，强烈地感觉到自己体力和精力的下降以及外形魅力的逐渐丧失，因此，有一种强烈希望留住时间的感觉。只不过由于性别的不同和社会角色的不同，女人没有适当的释放渠道，所以容易外显。而中年男人呢，由于有社会角色的支撑，所以能转移或者说通过工作来减轻和压抑这种恐慌——这就是中年男人为什么对事业如此投入的心理原因，也是中年男人过劳死比较多的深层次心理原因。因此我们可以说，中年男人同样有更年期，只不过没有中年女人的更年期那样有着明确的可以鉴定的特征而已。

越是过劳死的人，这种恐慌越强烈，因为他除了工作之外没有其他的排解渠道来驱散他内心对于时间逝去的恐慌。中年男人除了通过所谓的事业忙碌来驱散自己内心深处的空虚与恐慌之外，还有一个途径，那就是通过与年轻女孩的交往来获得信心，来让自己觉得青春常驻，感觉时间没有那么快的流逝。这有点像自我麻醉，其实是一种自我欺骗，如同掩耳盗铃。

但是，人的心理是需要自我欺骗的。人的一生难道不就是一个自我欺骗的过程吗？如果我们天天挂念着从一出生就奔向死亡，我们还能这样开开心心地生活吗？

言归正传，中年男人的困惑只能说到这里了，再说下去三天三夜都说不完。我的这位朋友就处于这种困惑之中，左右摇摆，最终理智战胜感性，决定放弃这段可能发生的艳遇，并且暗示这个女孩应该去找一个同龄人谈恋爱。

于是，不久后，女孩就遵父母之命在家乡交了一位男朋友。两人虽然没有在一个城市，但是保持着较为密切的通信联系，并且每隔一段时间也会见面相聚。同时女孩也由于工作原因调去了其他部门。

正当女孩处于甜蜜爱情的阶段时，一天她的QQ上来了一个不速之客——一个女孩。这个女孩给她带来了令人震惊的消息——她的男友已经跟她处了快半年了！这对于女孩来说简直就是晴天霹雳。她联想起就在半年以前她还曾经发现过男友与另一个女孩有过暧昧关系，而事隔这么短他竟然又犯同样的错误。女孩觉得这是不可饶恕的，这样的男人是不值得托付终身的，于是断然与男友断绝了关系。

说起来容易做起来难，毕竟是相处了大半年的情侣，所以女孩的心情十分痛苦，又没有人诉说，于是在QQ中向我的这位朋友诉说委屈和痛苦。

各位，前面我没有讲，其实中年男人还有一个特点，那就是具有强烈的同情心和保护欲。因此，各位可想而知，在这个弱女子被欺骗而悲痛欲绝的倾诉下，我的这位朋友被压抑许久的感情爆发了，巨大的情感倾泻而出，与正处于失恋痛苦状态的女孩如干柴烈火，一拍即合，互相慰藉。这种饮鸩止渴的情感慰藉方式，就像那个著名的段子所说的那样，“我们两只同病相怜的老鼠依偎在一起互相安慰照顾，你给我喂老鼠药，我也给你喂老鼠药”。

办公室恋情的故事就这样发生了。本来这个故事发展下去会有很多的版本，其实他们两个人心中都有过思考，甚至有过探讨。朋友有一个中年男人基本上都有的底线，那就是不能破坏家庭。在此基础上，他愿意给予女孩更多的爱和关怀。

而女孩呢，也十分清楚，自己并不愿意破坏别人的家庭，而且自己迟早是要嫁人的，只是由于这次的伤害，自己已经心灰意冷了。她希望跟朋友在一起的这一段时间能够疗伤，把注意力转移到工作上，先取得事业上的突破，等自己能够在工作上有了资本，那时候可能对情感的把握会更强。

因此，双方就在这样既理性又感性的矛盾心理中交往着，即使如此，女孩还是感受到了中年男人的魅力，感受到了一种从未有的温情，女孩甚至有了一种真正恋爱的感觉，这是她在上一次恋情中所没有感受到的。女孩把这种感觉告诉了朋友，朋友当然很开心，因为这正满足了中年男人的虚荣心，也证明了自己的魅力。

任何故事都不会按照原来的轨迹发展的，因为所谓的发展轨迹只是人们一相情愿的美好期望。正当朋友与女孩还处于热恋期的时候，一件意想不到的事情发生了。

一次，女孩告诉他，老板过来视察工作，对她的表现很满意，还要了她的电话号码。女孩当时告诉他的时候是怀着很兴奋的心情的，认为是自己的工作得到了老板的认可。但是，朋友当时就感觉到有一点不对劲，因为女孩的工作和岗位太基层了，在这样一个大公司里根本不应该是老板关注的范围。而现在老板这样关注，是不是别有用心？女孩虽然并不是那种国色天香的容貌，但是也长得十分清纯，特别是很喜欢笑，笑起来还有两个小酒窝，平时目光中也都含有笑意。朋友知道这样的女孩是最容易讨中年男人喜欢的，因为有那种邻家妹妹的感觉。

于是，朋友把他的顾虑告诉了女孩，并且预言老板还会采取进一步的行动。但初入职场的女孩似乎还沉浸在被老板肯定的情绪当中，也认为自己并不出众，老板应该不会有别的想法，应该是完全从工作出发的。虽然朋友心中仍然存疑，但是既然女孩这么认为，也不好多说了。

然而，事情的进展果然如朋友所预料的那样，老板又与女孩联系了，要求她到总部去汇报工作。公司的总部在另外一个城市，老板不经过正常的程序通知女孩去汇报，而是直接通知她去，而且要她自己解决请假问题，稍有一点常识的人都明白这是什么意思。但是女孩却执迷不悟，坚持认为这是为了工作，并且说老板已经作出了承诺，不会有任何其他想法。

这就给朋友出了一个难题，第一，如果女孩是自己的女朋友的话，他可以果断地要求女孩不要去，并且公开两人的恋情关系。但是，现在两人的关系属于地下情，是没有办法公开的。第二，自己与女孩的这种关系是没有办法为女孩的未来负责任的，那么，自己就没有权力去要求女孩做这做那，因为自己也底气不足。第三，从女孩的前途考虑，自己是没有太多能力为其规划未来的。

中年男人就是太讲道理。经过这样的思考，朋友觉得自己应该把利弊给她分析清楚，决定权还在于女孩，虽然他有一种不祥的预感，但是他知道自己没有这个权力。女孩接受了他的建议，决定慎重考虑几天再作决定。朋友就是在这样的情况下做了这个梦。

有了这些背景的介绍，现在，各位能看出这个梦所表达的主旨了吗?

梦境可以分为三段。第一段是出现了海市蜃楼，很雄伟壮观。这一梦境正是朋友对发生在女孩身上事情的看法，他看出来了这对于女孩来说就如同海市蜃楼一样，虽然宏伟壮观，但是却是虚幻的，最终是不可靠的。

梦境的第二段表达的是海市蜃楼消失之后的情形，就如同一场灾难一样，女孩的下场会像灾民一样很惨。

梦境的第三段是借公事对老板发起攻击，这是一种内心深处压抑着无法释放的愤懑的发泄，有一点公报私仇的味道。不过我们要容许我们的潜意识这样做，因为潜意识只有感受和情绪，没有道德约束。

这一段梦境其实特别精彩，用了很多细节来表达内心的不满和对老板的仇视。连自己平时讨厌的人也来支持自己了，这彻底获得了一种阿Q式的精神胜利，最后还忘不了给自己喝彩，因为在梦境中自己对老板的攻击赢得了满堂彩。可怜的朋友总算在梦里出了一口恶气。

各位想想，这位朋友确实是打掉牙往肚里吞，有苦难言。别人撬自己的女人，自己还不能出声，这一定有一种憋气的感觉。关键是，不是自己孱弱不敢出声，也不是为了所谓的饭碗或者前途，而是实在身不由己不能说呀，因为没有身份。用什么身份来说？

正如有句话所说的：“最大的痛苦不是吃醋，而是没有资格吃醋。”

各位对这个梦境有透彻的理解了吗？

2. 豪门盛宴

过了几天，朋友又做了一个梦。梦境是这样的：

梦境中我似乎要去赴一个饭局，我身边还带着一个女伴，但是形象很模糊，不能确定是什么人。

我们到了一个豪华的餐厅，发现这里装修很奢华，但是吃饭的人不多，我们一个包房一个包房找过去，但是却找不到我要找的人，问服务员也不知道。

后来我对他们这里生意惨淡产生了兴趣，问他们为什么人这么少，有一个服务员回答：是的，生意是很惨淡，前一段时间请人来试吃还冤枉花了好几万呢。我接着问，那这样菜不是很不新鲜？服务员似乎默认了。我立即联想到如果我在这里吃可能是几天前的剩菜和臭猪肉，当时似乎还闻到了一股臭肉味。于是立即对这个饭局没了兴趣，然而我仍然要找那个约我见面的人，但是问谁都不知道。

后来似乎碰到一个熟人，是个女孩，她说好像认识这个人，是她老板的朋友，她试着帮我找找，然后在一个前台之类的地方打电话找人。这时候周围似乎有很多人，熙熙攘攘的，就像一个夜总会一样，我似乎能透过大门看到里面的灯红酒绿和喧闹。女孩告诉我，我要找的人似乎在里面的某个厅里，她告诉了我如何走。但是我们似乎并没有从大门进去找，而是从另外的地方去找了。后来，我带着我的女伴又问了很多人，但就是找不到，整个过程似乎很迷惘。

这就是整个梦境。

触发这个梦境的原因又是什么呢？朋友告诉我，原来这个梦源于当天那个女孩告诉朋友，她决定铤而走险，去总部向老板汇报。她的理由有三点：第一，老板已经向她承诺不会有任何强迫她的行为，她相信他的话。第二，她自己有把握、有底线，一旦预感到情况不对，她会逃离的。第三，她觉得这对于她的事业来说是一次机遇，如果失去这个机会，她怕以后会后悔。

你想想看，在这种情况下，我的朋友该怎么办？他跟她说，第一，老板肯定是对她有想法的，如果真有想法，任何承诺都是没有意义的。第二，在那样的环境下，她是没有能力把控局面的，到时候就由不得她了。这倒不是说老板会霸王硬上弓，而是由于女孩是带着期望去的，人一旦带有欲望，就失去了自由决定自己行为的理性和勇气。第三，女孩希望获得老板的赏识后事业会更上一层楼，但是，在朋友看来，老板感兴趣的不是她的事业，而是她的身体。到时候她一定会竹篮打水一场空。

这就是朋友对女孩所说的。但是，后来朋友又想，这都是站在自己立场上的想法，似乎有一点自私。自己又凭什么替女孩作出决定呢？又凭什么对女孩这次的行程作出价值判断呢？这应该由女孩来评断。

女孩虽然再次表达了对朋友的爱恋和真心，但是她还是决定冒一次险，以免因失去这次机会而后悔终生。

下面我们来分析这个梦。

梦境的第一段是讲要赴一个宴会，是一个豪华的餐厅，因此，我们可以说是去赴一场豪门盛宴。这与现实生活中的情况是吻合的，因为女孩去见老板对于她来说就如同是去赴一场豪门盛宴。这场豪门盛宴是不是一场鸿门宴，不知道，我们可以继续往下看。至于梦境中身边的女伴形象模糊，这是朋友潜意识中对女孩身份的困惑，她与自己到底是什么关系？但是，到了餐厅后没有找到人，这是怎么回事呢？这只能说是朋友潜意识中的愿望，希望这一场豪门盛宴摆不成。因为只要找不到人，就成不了。

接下来的第二段就是对豪门盛宴的道德评判了。第一个概念是高处不胜寒，因为生意冷清，表明这样的地方是少有人至的，也表明这条路是少有人走的，这表达出对女孩的担忧。这种担忧直接导致第二个概念的出现，即肉包子打狗有去无回。因为餐厅请人来试吃，最后并没有得到任何好处，还有冤枉的损失。接下来的第三个概念就有点阴暗了，是剩菜和臭肉的概念，是不是内心深处对女孩不满的发泄？或者是对老板的不满，因为老板已经有足够多的情人了，为什么还这样贪心？第三层的意思似乎是揶揄老板，觉得他吃的是自己的剩菜。总之，人的潜意识难以捉摸，要多阴暗就有多阴暗。我们每个人都会否认自己有如此阴暗的想法，但是，我想告诉各位的是，潜意识就如同我们心中的兽性，一头野兽会有道德顾虑吗？

即使如此，我的朋友还是期望找不到人。也就是说，即使内心深处充满怨恨和无奈，但是，还是舍不得啊。想想看，怎么说也是自己的女人啊，谁会舍得？

梦境的最后一段似乎有一点峰回路转，因为碰到一个熟人，似乎可以找到那个人，而那个人似乎就在灯火阑珊处。地点也清楚了，路径也知道了，但是，梦境中的朋友却不是直接进大门去找，反而是转身出门去找，结果又是找不到。我们看这一段似乎有一点小小的阴谋的意思。因为明明找到人在哪里了，也知道怎么去找了，但最后却南辕北辙，还是找不到。这里面仍然是朋友的潜意识作祟，在作最后的垂死挣扎，希望找不到人，这件事情就不会成了。

这就是对这个梦境的理解。其实，对于这个梦境我们还可以有另外的一种理解。那就是这位朋友带着这个女孩在寻找出路，人生之路在哪里？情感的出路又在哪里？要找的那个人不一定就是老板，而是一种象征意义，一种希望寻找到的指引，一种深藏在醉生梦死、灯红酒绿、朱门酒肉臭之下的生活和人生的本质。

因此，我们也可以这样说，这是一个关于迷失的梦，是朋友对自己和女孩目前状态的一种反思。

3. 发现秘密

时间一天一天地往前走，故事继续往下发展着，而朋友的梦境也继续着。过了几天，朋友又来找我了，提供了一个最新的梦境。梦境如下：

梦境似乎在一个医院后院的库房，我看到很多人在那儿忙忙碌碌，把病房里的各类垃圾搬过来，里面血肉模糊，似乎还有婴儿的胎盘。库房的人们神色诡秘，在那儿紧张地加工着什么，似乎有不可告人的秘密。

在库房边的一条小河上，有几个人坐在河中间架起来的捣锤架上，用脚踏捣锤一下接一下地往水里捣，水下面似乎有什么东西。

我突然发现了秘密，那些人是在用捣锤炼油。原来他们是在干不法勾当，.用尸体炼油或者做肥皂。我感到很震惊，但是又似乎不能表露出来，因为周围都是他们的人。

看到这个梦，我预感到情况似乎发生了什么变化。因为整个梦境诡异迷离，超出常理，而且还有很多象征性的情景。总体而言，这个梦的主题就是发现不可告人的秘密，而且这个秘密还应该与性有关，因为梦境里面有很多性的意象。

因此，我必须了解这个梦的背景。于是我问他，女孩是不是已经去了？如我所意料的那样，我得到了他肯定的回答。“情况怎么样了？”我继续发问。他告诉我，女孩已经去了两天了，没有消息。

在这段时间，他有点不放心，于是发短信去问：“还好吗？”过了较长的一段时间，女孩的短信来了：“还好。”虽然只有简短两个字，但是当朋友收到这个回复之后就感觉到情况已经真的朝他所预料的那个方向发展了——他知道，他已经失去了这个女孩。

说这些的时候，这个朋友就坐在我的对面，虽然表面上看去很平静，没有痛哭流涕，没有破口大骂，但是，我们能想象他的感受吗？我一直想用一个什么样的比喻来形容他的感受，但是都难以找到。最后我觉得有一个比喻应该基本可以表达他的状态，那就是如火燃湿木，虽起浓烟但无明火，如果你以为它没有燃烧那就大错特错了，它已被烧得炽热灼人，无论谁去触碰都会被灼伤。

他跟我说，他能怎么办？揭竿而起？他没有这个资格。向女孩倾诉乞求？他也没有这个资格。义正严辞地声讨老板？他更没有这个资格。放风出去让公司的人都知道以阻止这件事或者泄愤？这不是他的价值观和道德观所容许的，况且这对女孩的伤害太大，这更是他不愿意和不应该做的。

现在，他虽然知道已经失去了这个女孩，一股悲哀和悲愤之情从他心底涌起，然而，“命苦不能怪政府”。他能怎么办呢？他只能如湿木迎接烈火一样默默地接受，让这股火煎烤着自己的身体和心灵。这是一个受过高等教育，受过传统道德熏陶，在社会规范的培育下成长起来的所谓的社会中坚力量的合乎情理的想法。但是，在他的潜意识中有这么平静吗？有这么温和吗？有这么高尚吗？我们来看看梦境就知道了。

梦境开头就是不祥和不洁的意象，即医院后院的库房。大家知道，医院的后院总是给人不祥和不洁的联想，何况在梦境中还出现了血肉模糊的情境，特别是婴儿胎盘的出现更是直接点明了主题。这就是朋友预感到情况已经发生了实质性变化以后，潜意识对事件的发展所作出来的联想。这种联想，带有强烈的主观色彩和道德评判色彩。

这里有一个很有意思的人性问题，我觉得有必要来说说。我们说了，这个梦境的意象带有强烈的道德评判色彩。请问，朋友有什么资格对女孩甚至老板的行为进行道德评判呢？他们所做的事情跟他与女孩所做的事情其本质有什么区别呢？这就是一个很有意思的人性特征了，那就是过去我们常说的："马列主义对他人，自由主义对自己。"也就是说，自己做得别人做不得。我们每个人都是这样的，如果不涉及自己，就会用很客观公正的理性思维进行评判，这叫做"事不关已，高高挂起"。如果事情涉及自己，又会振振有词地找出很多理由和客观原因来为自己辩解。这就是人性的弱点，而这一点在梦境中往往表现得淋漓尽致。因为梦境是潜意识展现的舞台。

梦境的最后，是发现真相之后的震惊和无奈，这是可以理解的。一方面，虽然原来有预料，但当事实摆在面前时，人仍然还是很难接受现实的，所以感觉到震惊。另一方面，因为自己所处的尴尬角色以及从对女孩负责任的角度，他又是有苦难言的。这真有点"哑巴吃黄莲，有苦说不出"的感觉，但是，又有什么办法呢？或者说又能怎么样呢？人生往往就是由这许许多多的无奈所组成的啊。

4. 保守秘密

这件事情过去了几天之后，朋友又来了，我知道他一定又做梦了。没有办法，这一段时间他的梦多应该是一种正常的现象。

他告诉我，女孩回来了，几天没有跟他联系。他在经过激烈的思想斗争后，还是主动跟女孩联系了，他感觉到女孩说话吞吞吐吐，已经基本上猜到事情的结果了。然后晚上就做了这样一个梦：

梦里我们很多人都在医院病房探望病人，似乎是侄女生病住院了，五亲六戚都来了。

而我呢，坐在离病床很远的地方（那个病房似乎很大），把其中一个亲戚叫过来大发雷霆，责备她为什么要叫那么多亲戚来看望病人，因为这样就泄露了消息，让侄女知道她得的是不治之症了。

我很气愤，在那里愤怒地埋怨那个亲戚，似乎没有留一点情面。

这个梦大体可以分为三段。第一段梦境是侄女生病住院，五亲六戚都来看望。这里有两个概念：第一个概念是侄女的概念，第二个概念是生病住院。侄女意味着什么？意味着女孩，也意味着朋友对女孩的一种疼爱。在关系和爱已经失去的这一瞬间，朋友的内心深处竟然发生了如此大的一种转变，这可以说是一种巨大的升华，这真是令人难以想象的。如果没有深厚的道德修养和人生境界，是难以在面对残酷现实的时候可以在如此短的时间内发生这种转变的。而且，梦境将女孩所走的这一步当成是生病，这表达出朋友内心深处一种深深的悲怜情怀。悲怜什么？悲怜女孩走上了一条不归路，悲怜她病得不轻，因为朋友知道豪门盛宴不是那么好吃的，不像跟他之间只是一种简单的办公室恋情。高处不胜寒，朋友担心刚大学毕业不久、涉世未深的女孩根本经受不起这么大的冲击和冲击后的落差。这种担忧就体现在短短的第一段梦境中。

梦境的第二段有三个概念，第一个概念是离病床很远，表达的是朋友心中与女孩的距离。这件事情发生后，他们之间的关系发生了本质的改变，已经不再是过去那种水乳交融的关系了，而是突然一下子变得陌生了，一种距离感油然而生。第二个概念是泄露消息，这表达的是朋友心中的冲突。因为女孩曾多次问他老板这人怎么样，是不是以前也有很多情人，每个情人的下场如何这种问题。

对于朋友来说，这种冲突倒不是源于不好说老板的坏话，而是不知道是否应该把真相告诉女孩。一方面，他觉得应该把真相告诉女孩，让她看清楚局势，便于她作出判断。另一方面，他又觉得事情已经走到了这一步，现在再来说这些似乎已经有一点晚了。如果现在来说，对于女孩的打击似乎太大了，自己不应该让她知道这些事情，至少不应该从自己的嘴中说出这些信息，而是应该让她自己去作判断。而且，从内心深处讲，这位朋友似乎还有一些道德焦虑，那就是，如果由他来说老板过去的事情，他自己似乎是站在一个关联的角色来说这件事情，不免带有主观的偏见，他认为这样做对于老板来说也是不公平的。此外，作为一个男人，他将心比心，会经常责问自己，难道只容许自己偷情，不容许老板偷情吗？

因此，在这样的冲突之下，朋友真是“风箱里的老鼠，两头都受气”，这股怨气无法发泄，怎么办？所以只能在梦境中发泄出来，这也是第三个概念。我们看到，梦境中对亲戚的责备，其实是做梦者自己的一种自我责备，除了是一种情绪的释放以外，他还得压制自己小人之心的冲动，因为他完全可以讲很多老板的坏话，从而为自己泄愤出气。但是，他不能说，因为这样说，就会伤害到那个女孩，有可能给那个女孩带来毁灭性的打击，这就犹如她听到不治之症的消息一样。

朋友似乎冥冥之中能够预感到女孩的命运和前景不妙，但是，这是从他自己的角度出发的，他也无法肯定。他觉得自己对于现在 80 后女孩的心思难以把握，所以想让自己尽量保持一种客观和中立的态度。

其实，无论这位朋友的做法是否正确，这都是一个品德高尚的人才能够做到的，即使他对女孩的担忧似乎有点杞人忧天。是的，从承受力来说，80 后女孩的承受力似乎是比不上她们的上一辈，但是，80 后女孩转移注意力和转移负面情绪的能力却是在上一辈之上的。她们能够通过分散注意力的方式迅速转换自己的心境，避免自己陷于不利情绪之中。

梦境的最后一段，朋友仍然是喋喋不休地在那里埋怨别人。这说明了他心中的冲突有多么大，如果不是用一股强大的力量是很难压制得住内心要讲出事实真相的冲动的。但是，他又有那么多的顾虑，这个真相怎么讲得出口？

我的这位朋友太善良了，我无意对他的行为作出任何道德评判。但是，透过这个梦境我知道，面对残酷的现实，他已经作出了决定，他必须保持缄默，于情于理都应该这样。

5. 我是成龙

接下来过了几天，朋友那边都没有什么动静，我以为事情已经告一段落了。正当我这么想时，朋友却又来找我了，这一次带来一个很特别的梦：

梦里我就像一个夜行人在嗖嗖地往前走，其实不是走，感觉像是在飞。而我的身旁，却一辆接着一辆地驶过那种大排量的摩托车。开摩托车的感觉都是那种道上的人，似乎是他们的大佬死了，他们去奔丧。

奇怪的是我们到了同一个地方，他们一个接一个走马灯似的到达。到了之后都如同古代的探子那样滚下马来，单腿跪地，双手一拱致哀，然后又迅速站起来拥向一个大礼堂，特别像电影中的情节。

我也跟着他们走进去，但是却有一帮人出来拦住，要检查并且不让我进去。我根本不理他们，感觉自己变成了成龙，可以飞檐走壁。于是，就像在电影中那样飞起来穿过大礼堂，并且来到里面的一个操场上。于是他们都蜂拥而上，一场混战展开了，我就像武功高强的成龙，与他们厮杀起来，直杀得天昏地暗。

这里面有一个情节特别有意思，我在与他们搏杀的过程中叫旁边一个我的人过来帮忙，可是他每次都是帮倒忙，明明要打我的对手，却每次都打到我了，令我哭笑不得。

最后我从打斗中惊醒。

我问朋友这个梦是在什么情况下做的。朋友沉吟了一刻，告诉我，女孩最终还是满怀歉意地告诉他，由于老板强大的攻势，自己最终把持不住，与他发生了关系。她说，虽然老板给了她很多的承诺，但是她觉得还是他在她心中最有位置。

如果一个女孩这样跟你说，你会怎么办？我不知道朋友当时的心情，我们直接来看他这个梦境所表达的含义吧。

这是一个典型的欲望的梦，在梦境中朋友化身为武功高强的成龙，大大地出了一口气，这符合在知道真相之后的心情。我想，任何一个男人在女朋友被别人抢走之后都会有这种心情。至于是付诸行动还是在梦境中得以释放，这就因人而异了。

梦境的开始，就是一个充满动感和力量的镜头，自己在飞，旁边是大排量的摩托车在飞驰，表达了一种激情澎湃的心情。而情绪激动的原因，是因为他们的大佬死了，我们不能排除梦境中的大佬就是朋友的老板。老板抢走了自己的女朋友，朋友当然怀恨在心，因此，在梦境中希望他已经死去这是正常的潜意识思维。

但是，大佬死去了，他还有同党，这意味着朋友知道这股力量的巨大，而自己要与这股力量抗衡。梦境的第二段正是表达的这个意思，这种黑社会组织式的场景表达，正是显示了老板力量的强大。

但是，即使如此，朋友仍然产生出“霸王别姬”般气吞山河的力量。到了这种地步，如果没有鲁莽地冲到老板办公室把老板痛揍一顿然后辞职扬长而去，也一定会在梦境中表现出来，因为每一个男人都有自尊和自我肯定的需要，否则他就会彻底崩溃。因此，在梦境中，朋友化身功夫高手，与“恶势力”进行斗争。这是朋友想向老板宣战的欲望受到压抑后，情绪和欲望的发泄。

最后朋友提到梦境中的帮手过来帮忙的小插曲，情节确实很有意思，这个情节的主题是“帮倒忙”。梦境中虽然是有帮手过来帮朋友的忙，但是每次都打到朋友自己，这便意味着朋友认为自己本来是想帮助女孩，结果却是帮了倒忙，最后的结果是自己“赔了夫人又折兵”，眼睁睁地把女孩送到了老板的手中。

6. 声泪俱下

本以为朋友在梦境中出了一口恶气之后心情应该慢慢平静下来了，不会再有关于此事的梦境了。但是，过了一段时间，朋友却再次来找我，并告诉我又做了一个梦。梦境如下：

梦境很模糊，似乎是我要送长大了的儿子出远门去求学。一向严厉的我这时候突然产生了一种生离死别的感觉，似乎以前压抑了很久的情感一下子爆发了。我拉着儿子的手声泪俱下，口中不停地念叨着：儿子，爸爸舍不得你啊。

总之，在梦境中整个情绪十分满溢，我觉得自己有一股抑制不住的情绪要迸发出来。

梦境就这么简单。我问他最近是否跟儿子之间有过这种感情互动。他很坚决地进行了否定，说家庭生活一切跟以往一样平静，没有任何变化。与儿子之间的关系和感情也与以前一样，并没有什么特别的事件和想法产生。

如果是这样的话，我们只能说，这是朋友在这件事情上压抑情感的彻底发泄。经过这么长一段时间的积累，朋友表面上看似乎很平静，然而，他的内心却是翻江倒海，难以平静。

一方面，他失去了自己的女人，并且是被自己的老板给抢去的。另一方面，他想发泄，但是却又不能。因为他既不愿意伤害女孩，而自己已婚的尴尬角色又让自己无法理直气壮地站出来捍卫这段感情。再加上这件事情是女孩自己的选择，他就更没有质疑的资格了。所有这些因素纠缠在一起，令朋友无所适从。

在经历了各种情绪和欲望在梦境中的发泄之后，其实有一个埋藏的最深的情感一直被压抑着，那就是失去之痛。想想看，一段压抑了很长一段时间没有压抑住而发生的恋情，竟然在刚刚发生没有多久就顿然失去了，这种外界的突然割裂，其实对人的伤害是十分大的。

朋友由于历来比较理性，所以，能够压抑住自己的这份情感，并且总是从女孩的角度来替她着想，不愿意因为自己的自私而对女孩造成伤害。但是，我们完全可以理解他内心深处的情感所受到的伤害。这种伤害，从事件的发生一直到结束，就一直压抑在他的内心深处。现在，事情终于过去了，这段情感终于再也压抑不住了，在梦境中透过一段父子之情宣泄出来，并且表达的是一种离别的痛楚，这与朋友压抑的那种分离的伤痛情绪是吻合的。

“儿子，爸爸舍不得你啊。”翻译过来就是——“女孩，我舍不得你啊！我对你这么好，你为什么要离开我啊？”

也许有人要问，那明明是一个女孩，为什么梦境中会是儿子呢？其实这并没有关系，梦境要表达的是一种离别情绪的释放，它可以借助于各种不同的媒介和方式来表达这种情绪。而朋友可能与儿子的感情很深，可能与儿子的离别是最能触动他的情绪的。因此，才会在梦境中通过与儿子的离别来表达自己与女孩离别的痛楚。

透过梦境中朋友这种强烈情绪的宣泄，我们可以看出朋友对这个女孩的感情真的是很深的。但是，他是用一种理性的态度来处理这件事情的，这并不意味着他没有感情或者说情感没有受到伤害，只是他把自己的情感和伤害深深地埋藏了起来，最后来了一次总的爆发。

各位，这就是——男儿有泪不轻弹，只是未到伤心处。

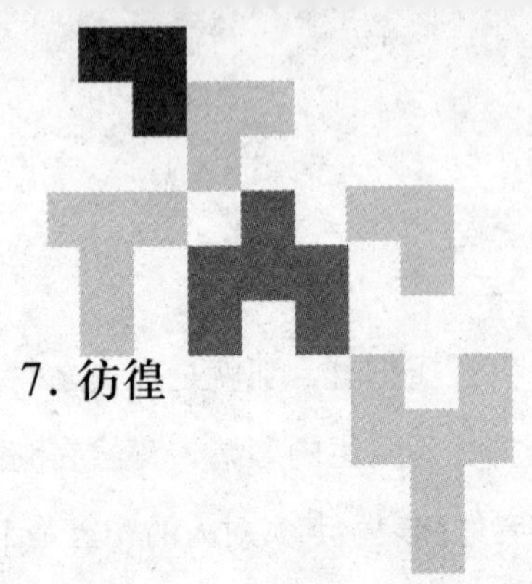

7. 彷徨

原本以为朋友这件事情已经彻底结束了，但是，没过几天，朋友却再次找到我。当时我很惊讶，心想，他还有什么梦可做的呢？

他确实没有梦了。不过，他还是给了我一个意外：他带来了一个梦。但是，这个梦不是他做的，而是女孩做的。因为他跟女孩说了自己所做的这些梦，于是，女孩也告诉他自己最近做的一个梦。

女孩还告诉他，她最近心里特别难受，觉得自己活得好辛苦，而且经常做噩梦，还经常会在梦中哭醒，但是醒来后却又记不清梦境的具体内容了。下面是她记得的一个梦：

在梦里，我梦见自己回家了。很奇怪，家里都是些我不认识的人，但他们都自称是我的家人。在梦里我很郁闷，莫名其妙地心想这些人都是我不认识且从未见过的，怎么会是我的亲人呢？

后来你来我家了，我欣喜若狂。心想，总算有个熟人可以说话了。于是我和你一起坐下看电视，这时才有一种回到家的轻松感。

天黑了，要休息了。我要回房去休息，看你睡在客厅我很不忍心，想让你在我的房间休息，而我自己在客厅休息，但你就是不愿意。

在无奈之下，我回房去了。想想还是睡不着，又跑出来让你到我的房间里去休息，可这时你已经睡着了，我失落地回到房间休息。

之后闹铃响了就醒了。

这就是整个梦境。这个梦境我相信大家都看得懂，表达的是女孩一种彷徨的心理，一种惆怅的感觉。下面我们来看。

梦境的第一段是女孩回家了，但是，家里的人自己都不认识。这是一种物是人非的感觉，是女孩在成为老板情人之后的心理感受。这种陌生感，即是她回来后对朋友的某种感觉，因为虽然跟朋友之间还保持着一种家人之间的关系（朋友仍然在关心着她），但是，这种关系却又不是以前的那种关系了，似乎变成了一种温情下的陌生，一种说不出来的感觉。

另外，这种陌生感同样包含着女孩对成为老板情人之后的感觉。因为虽然确定了跟老板之间的情人关系，但是，这种关系却是很突然的，没有感情基础的，不像跟朋友那样是经过了较长时间的情感互动才建立起来的情人关系。因此，女孩心中会觉得，自己现在虽然是老板的人了，但是，这种陌生感却挥之不去，毕竟他们之间的了解太少，这一切到底是建立在什么样的基础上的呢？虽然确立关系之后，老板似乎也对女孩关怀备至，但是，这种关怀，同样是一种温情下的陌生，一种让女孩无所适从的感觉。是亲人又不似亲人，似乎有某种很近的关系却又有一种强烈的陌生感，这就是梦境第一段表达出来的女孩的心理状态。

梦境的第二段是朋友来了，女孩欣喜若狂，并且产生了一种真正回到家里的轻松感。这一段梦境表达了女孩在内心深处对朋友的依赖，一种“身在曹营心在汉”的心理活动。虽然现在已经是老板的人了，但是，情感还没有转移过来，还是留在朋友那里。因此，一见到朋友就会有一种熟悉感和放松感。这其实也是女孩内心深处的一种矛盾冲突，一种身心分离的状态。不管出于什么样的内在动机，女孩虽然已经委身于老板，但是她的心却仍然留在原处，因为她与朋友的感情毕竟是经历过一个互动的过程的，这种依赖感是不会立刻消失的。而且在最初阶段——在与老板确定了情人关系，但是情感关系还没有完全建立起来，而又与朋友之间割断了情人关系的这个特殊时期，女孩的内心会特别孤独，因而对原来情人的依赖感反而会更加强烈。这一段梦境充分表达了女孩的这种心理状态。

梦境的第三段表达的是女孩所能感受到的与原来情人之间的感情隔阂。

梦境中女孩对朋友的柔情依旧存在，仍然如过去那样想对他表达情人的关怀，但是却遭到了朋友的拒绝。这表明了两人关系的实质，女孩的潜意识中已经深深地认识到朋友已经不再属于她了。

梦境的第四段是第三段的一种深化。女孩潜意识对这段感情依依不舍，不忍舍弃，但是木已成舟，这段感情已经无法挽回。估计朋友的言行和态度也已经让女孩感受到了，所以，除了一股深深的失落和哀愁之情，还能有什么呢？因此，梦境中的女孩割舍不下，但结果仍然是热脸蛋碰到冷屁股，过去的一切似水柔情已经如一江春水向东流了。这个梦境表达的就是女孩身处这一特殊时期内心深处情感的真实写照。

我对朋友说，女孩能对他有这么一种情感，他也应该满足了，同时这也说明她是一个很重感情的女孩。至于她会做出这么一种伤害朋友的行为，真的不能怪她，要怪也只能怪这个浮躁的社会，如同当初他们两人之间情人关系的确立一样。

8. 后记：迷失

这件事情过去大概有近半年了吧，我以为这件事情彻底结束了。我的那位朋友不知道是为了转移自己的注意力还是事实如此，总之，工作很忙，经常飞来飞去，有点神龙见首不见尾的感觉。

偶尔有机会大家聚在一起，他都绝口不提这件事情了。只是有一次透露出来一点，说那个女孩现在跟老板的关系还不错，似乎老板对她也很好，听说给她买了房，似乎很在意她，害怕她离开自己。这样他的心里似乎平衡了一点。

然而，前几天，他竟然登门拜访。我知道他向来是无事不登三宝殿，他一定是带来了什么消息。

果然，坐下后不久，他把手机给我，让我看其中的两条短信。第一条短信是这样的：茶香，你应该开始飞了。不知为何，见到你之后我有些失落，心里很酸，很想哭出声来。

接下来是第二条短信：

昨晚在噩梦中哭醒了。我梦见和几个人一起去大山里寻找一种可以治百病的草药。我是否认识这几个人，其实连我自己也不知道。后来不知怎么，我发现自己迷路了，走了很久也走不出大山。天又快黑了，我害怕大山里有野兽，吓得哭醒了。

看完短信，我知道一定又有故事发生，于是静候他的叙述。下面是这位朋友的叙述：

茶香是女孩对我的称呼，我们在一起的时候，她觉得我带给她的就是那种淡淡的茶香，沁人心脾，所以就用茶香指代我。

这件事情发生后，我基本上强制自己不要再去想了，再加上工作很忙，每天有忙不完的事情，所以也就渐渐地忘记了。只是女孩仍然不咸不淡地跟我有联系，有什么心里话也来找我说。对于我来说，毕竟与她有过一段情，虽然这段情很短，但是“一夜夫妻百日恩”，人总得讲点情义吧。

再说这个女孩还是很单纯的，她其实也有很多困惑和苦恼，有苦说不出来，毕竟现在跟她在一起的人是一个已经步入老年的人了。从情感上来说，这个人肯定不能满足她的需求，因为年轻人的爱情与老年人的爱情需求是不同的。还有一点，就是女孩的社会需求得不到满足，从她的言语中，感觉到她每次回家压力都很大，因为在父母面前这种事情是无法说出口的。

但是，女孩似乎也有她的平衡点。一方面，老板对她似乎还是很好的，很在意她，据说基本上每天都有短信联系。我知道老板本身工作其实也够忙的了，能够做到这一点其实真的不容易，感觉他对这份感情还是动了真心的。另一方面，物质上的满足自然是不在话下，给她买了一套房，并让她好好装修，似乎要营造一种温馨的感觉。

我现在跟你说这些事情，似乎心里已经没有什么感觉了，这应该是一件跟我无关的事情了。而我呢，为了避嫌，也为了忘记，这一段时间尽量不去女孩所在城市的那个分公司出差。虽然有联系，但是不见面应该会好很多。

但是前几天，由于公司业务需要，我必须要去那个城市出差。她提早一步从公司资讯里知道我要到了，于是通过手机短信跟我联系，问我是否要到她所在的城市出差。我给了她肯定的答复。

当天我到了之后，因为有一些应酬，没有告诉她我已到。但是，到了晚上，她给我发来信息，问我是否已经到达。我告诉她已经到达，但是由于有应酬，所以没有时间跟她见面，但是我已经安排第二天公司相关人员吃饭时叫上她。我这样做，其实是害怕晚上跟她见面时的尴尬。

第二天，工作的事情办完之后，分公司请客吃饭，我就叫上了她参加，因为在业务上也可以跟她的工作挂上钩。但是，在整个晚餐期间，我只是把她当成一个普通的同事对待，并没有特别照顾她，而且由于在座的都是同事，也不适宜这样。

晚餐后，我便与大家告别，直接去机场返回总部了。我刚到达机场，就收到了她的第一条短信。我不知道如何回答。过了一会儿，她又发来了第二条短信。我也只能说一些话安慰她，告诉她既然自己已经作出选择，就不要再后悔了，沿着自己选择的路走下去吧。

这就是朋友的叙述。他除了想找个人倾诉一下之外，其实还想要我来帮他分析女孩的梦境，他想知道女孩目前的心理状态——看来他还是没有完全放下啊。或许，这也是中年男人的特点吧——嘴上说得很硬，但其实心还是软的。

既然这样，我想这个忙我是一定要帮的。于是，我给他分析了女孩的梦境。

首先这是一个噩梦，女孩自己也说了，在“在噩梦中哭醒”的。噩梦意味着有恐惧或者担忧。那么，已经有老板作为庇护神的女孩现在还担忧什么呢？梦境是这样说的——“我梦见和几个人一起去大山里寻找一种可以治百病的草药”，原来，女孩是想寻找一种包治百病的灵丹妙药。

女孩又没有生病，为什么在梦境中要去寻找这种包治百病的灵丹妙药呢？由此我们基本上可以得出两点：第一，女孩对目前的状态不满意，对这段关系有着一些遗憾，关于年龄、情感、社会等；第二，女孩希望有一个完美的解决方案解决这些问题。这就只能是一种愿望或者说奢望而已，因为人生必然存在取舍和得失，不可能面子和里了都可以得到，当你作出选择时，这里面就已经包含了取舍。

然而，没有经历过怎知舍得之难和舍得之痛？而女孩正处于这个阶段。

应该说，跟老板确立了这种关系之后，女孩获得了不少东西。但这种获得大部分是物质上的，精神上的东西不能说没有，但是估计不多，这才导致女孩的困惑——希望“寻找一种可以治百病的草药”。

接下来的梦境表达的是一种孤独感——“我是否认识这几个人，其实连我自己也不知道”。在这条路上走，一定很孤独，因为不能对人说起，特别是家人；在公司内也不能说，因为这是公司的大秘密；对于局外的好友，我估计女孩也不敢说，因为她一定羞于启齿。在这样的一种境地中，女孩感觉到一种特别的孤独感，那种一个人在路上的感觉，在梦境中体现出来了。

然后的梦境表达一种迷失感——“后来不知怎么，我发现自己迷路了，走了很久也走不出大山”。这正是女孩目前心理状态的真实写照，在这条路上越走越远，渐渐地迷失了自己。周围又没有同路的人，前面的路又是如此不确定，女孩不知道自己应该怎么样才能走出这个迷局。因此，在这样的境地下，自然而然地滋生了一种恐惧感——“天又快黑了，我害怕大山里有野兽，吓得哭醒了”。女孩有一种孤立无助的感觉，要自己一个人面对这种困境，对涉世未深的她来说，确实不容易。

这就是女孩这个梦境中所释放出来的信息。我觉得应该是朋友的到来触发了女孩内心深处压抑已久的某种情怀。本来希望朋友的到来能够让自己的情绪得到舒缓，然而，朋友的态度似乎有点公事公办，当天晚上并没有留出时间来与女孩叙旧。在这种情况下，女孩的情绪受挫，一段时间以来的压抑无法排解，于是促生了这个梦境。

我告诉朋友，女孩的想法并不一定是要旧情复燃，可能只是希望能够有一个倾诉对象，但是这个愿望并没有得到满足。我想知道，朋友到底是怎么想的。

朋友告诉我，他不是不愿意这样做，而是不想让自己陷入一段更加复杂的关系中去。当初女孩作出了这样的决定，现在她就必须承担这件事情的所有结果。他也知道她一定有很多的困惑和难言之隐，但是，这是自己无法帮助她的地方，只有她自己去面对或解决。

精神上的支持是一直都有的，因为女孩有时也会给他发短信说一些事情，他也尽量帮她解决一些问题。但是，现在的这种状况，他不想再给自己和女孩迷失的机会。他认为自己的做法虽然可能会让女孩一时难受，但是，这样做其实是对女孩有利的，这无异于告诉女孩——她必须自己面对，自己走完这段自己选择的路。

朋友认为，如果女孩能够定下心来，放弃不切实际的幻想，放弃寻找“一种可以治百病的草药”的期望，懂得取舍之道，这对她来说，无疑会是一件幸事，会让她在这条道路上走得更加安定和坚强。

朋友说完之后，我是感慨万千。我想到一句话作为这一篇的结尾——

无情未必真丈夫，情到深处人孤独。

二 甲流

——男友身后的前女友

如果你不可救药地爱上了一个男人，而那个男人也深深地爱着你，那是多么幸福的一件事情啊。不过，如果男友还有一个前女友，跟男友保持着联系，你会介意吗？我相信现在的很多女孩心胸都不会那么狭窄。但是，如果这个前女友现在身患绝症，而男友觉得自己亏欠她很多，发誓即使不跟她在一起，也要照顾她一辈子。这时候的你会是什么样的感受呢？在感性和理性之间，你会作出什么样的抉择呢？让我们来看看这个真实的案例吧。

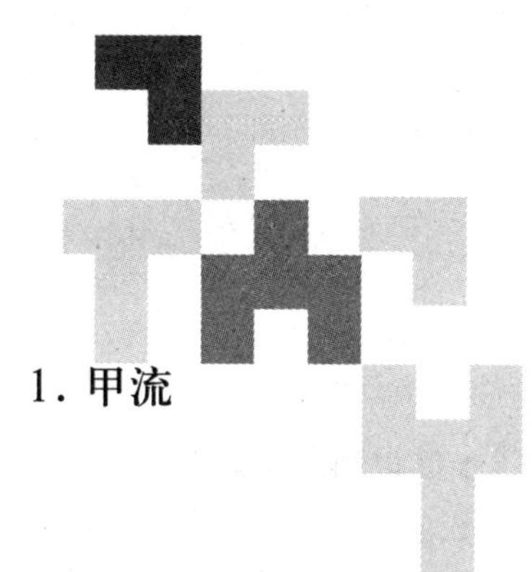

1. 甲流

我有一位 80 后好朋友，叫喜洋洋，她曾经是一位空姐——不是一位普通的空姐，而是其中最漂亮的一位，因为她是所在航空公司的形象大使，在所有的推广海报中都可以见到她那张美丽迷人的笑脸——想想看，花中选花。

然而不知什么原因（她一直没有跟我说起过），她竟然大学毕业后在这个岗位上才坚持了一年左右，就放弃了这个令很多女孩羡慕的工作，成为一位普通的 OL（Office Lady 的缩写，白领女性）。

喜洋洋是一位冷艳孤傲的女孩，就是那种心高气傲的女孩。做了 OL 之后，应该说是有很多机会接触到十分优秀的男士的。但是，据我所知，她一直保持单身，坚守着自己的准则。

不过最近，她似乎有一些变化，那颗孤傲的心似乎在融化。她告诉我，她恋爱了，她遇到了一个令她心动的男人。

他们第一次见面时，那个男人就坐在那里，沉静得令人窒息。于是，她不可救药地爱上了他。

我很替她高兴，因为我知道，喜洋洋是不会轻易爱上一个人的。我曾经也很替她担心，担心她的孤傲会影响她的幸福。现在，她终于找到了她的归属，我真的替她感到高兴。但是，我并不知道那个男人的任何情况。

一段时间以后的某一天，极少主动聊天的喜洋洋跟我在QQ上聊起天来，并且告诉了我她最近做的一个梦，希望我能帮她深度分析一下。

这个梦境是这样的：

学校的一次考试，关于卫生知识方面的。

当天我和母亲在一起玩，我告诉她 1 点半我有一场考试，我没有表，母亲戴着手表。玩的过程中我问了她几次，她都说了同一个时间——12点一刻，后来我才意识到是不是她的表停了。果然，其实当时正确时间为4点10分，我十分懊恼，赶不上考试了。

然后我匆忙赶到学校，教室里坐着院系一大堆人，只剩下最后几个人没考了。我去排了编号，放在最后。但是当倒数第二个选手演讲完毕时，主持人就宣布结束了，我就慌忙跑过去，说我还没考试呢。她很不耐烦地给我话筒，当时教室里的人已经走光了。她让我介绍自己，然后问我问题。我也没看书，答错了。然后她说，你没通过，就走了。

然后梦境转到下午，我去见男友和他的前女友，他一直说了要见面的。她的前女友并没有我看到的照片上那么惊艳。后来我男友对她说，去唱首歌吧。她便走上舞台，在众人面前唱歌，而我悄然离场，心里还担心着考试。给老师打去电话，她话都不等我说完就挂了。再打就怎么也不接，只是给我发来一个短信，说要真有兴趣，改天见之类的。

后来就醒了。

为了分析这个梦，我们之间进行了对话，下面就是对话的内容。

梦侦探

你自己怎么看这个梦？

喜洋洋

这段时间我的压力很大，如果做这个梦，我会觉得是因为我的压力大，所以会迟到，包括别人对我的不耐烦等。

梦侦探

没这么简单。

喜洋洋

还有那段关于感情的梦，我觉得可能是现实的写照吧。我确实想见到他前女友。他的前女友我见过照片，美得很惊艳。

有些凌乱，理不出头绪。你怎么看？

梦侦探

梦里面有一种焦虑，对于某一件事。从梦境的情节来看，似乎是跟日期有关的一种焦虑，比如说女性月经周期的那种。

喜洋洋

这段时间是我的生理周期。

梦侦探

你是不是有点担心？或者说你有怀孕恐惧吗？

喜洋洋

可是……我们根本就没有那个。怎么会有这种恐惧呢？

梦侦探

因为你在梦中是生理卫生科，而且是一种对时间的焦虑。

喜洋洋

梦中问的问题是关于甲流的。

梦侦探

哦，你在之前没有提到，如果是这样的话，那就可以理解为你对这份感情的不确定。

（注：看看，解梦大师有时候也会误入歧途，当然，做梦者没有提供准确的信息也会影响解梦的方向。不过没关系，解梦本身就是一个试探的过程，如同侦探一样，去排除各种可能性，最后没有被排除掉的，就是真相！）

喜洋洋

最近很焦虑，确实是这样，并且一度让我很不开心。

如果说焦虑，可能就是我对这段感情的不确定吧。

梦侦探

你想尽快明确某种关系，跟你男友的。你不喜欢这种不确定的情况。

能不能讲讲是什么事情让你很不开心？

喜洋洋

是的。是这样的，他对我几乎是一见钟情，我也是第一眼就对他很有好感。但是那时他有一个相处三年的女友，他说我更符合他想要的女孩的一切，于是就跟那女孩分手。那女孩后来查出来宫颈有一种极易癌变的细胞，我还看了化验报告单，一旦转化为癌症，整个子宫都会被切掉。一个几乎是90后的女孩。后来，他说，他一定要帮她把病治好，那女孩还住在他的房子里。为了表示已经跟她分手，他搬出去住了。

喜洋洋

他们会经常联系，他还给她讲关于我的好多事情，我就觉得这种感觉怪怪的。

梦侦探

其实你这种心态在你的签名中就有过透露，记得我曾经问过你感情方面好不好吗？你当时说很好，但其实心里已经有芥蒂了。

喜洋洋

而且我问他分手有没有别的原因，他说没有。他说了好多生活事实，举出那女孩对他的好，总之我觉得我是做不到的。

梦侦探

所以你有一种不确定的感觉，觉得自己可能很多事情都做不到，不知道这份感情是否能够维持下去，而且你还有一种相见恨晚的自责心理，觉得自己要是早一点认识男友就好了。

喜洋洋

他们毕竟相处三年了。我不喜欢生活在对比之中。如果他们彻底了断了，我会觉得有点安全感，但是现在他们还在联系，我不希望他要是哪天觉得我不够好了，又回去找他前女友。

因为要帮她治病，她还住在他的家里，他们会时不时地联系，不过我也觉得那个女孩子很可怜，所以我不知该怎么办。我也不确定他对我的用心程度。总之我不知我是该进还是该退。

我是喜欢他，但是如果他不想珍惜我，我也不必在他那儿浪费时间。我尚有自尊。只是我对他不确定。

梦侦探

我很明白你的心理，你是一个很有原则的人，你的这种想法是对的。不过，从目前的情况来看，你似乎处于劣势。这个男人有点优柔寡断。

喜洋洋

不知道。或者他想多一个选择。该经历的宿命总该经历，是好是坏，我都认了。我只是不想为此失去自我。

梦侦探

那就这样吧，我会把你提供的情况详细理顺一遍，好好帮你分析这个梦，让你知道自己潜意识的真实想法。

喜洋洋

其实我每天都做很长很长的梦，总是在清晨忘记。

梦侦探

说明你最近确实很焦虑。

你有没有考虑过去见见那个女孩？这样更坦然。

喜洋洋

他也提出来过。找机会吧。

还有一点想补充的是，他其实对我确实很用心，比身边任何一个人都用心得多。其实他给的爱很多很多，但我还是不断地焦虑。

我不知道这个梦是否具有代表性。因为我每天都做不同的梦，风格迥异。

喜洋洋

要不你再等等，我多给你说几个梦，你再作判断?

梦侦探

好的，不急。

喜洋洋

哦，想起来一个细节。

那天是这样的。他送我回去后，从我家开车到他现在住的地方，需要30分钟，他现在在国际港住。但是他之前在紫玉住，到那儿只需要5分钟。那天他给我发完短信，立即说了晚安并且关了机，平时他会到家才说。那么迫不及待地关机，我就觉得有问题，会不会又去紫玉找前女友了？那天晚上就睡不好，半夜4点多还醒来过，就是做的那个梦。白天他也向我解释了，解释还算可信，这事就这么过去了。但是，那天晚上的心理可能对梦也很有影响。

梦侦探

这就对了，答案已经出来了！我把整个梦境分析完后给你。

对话就此结束。庆幸的是，到最后我们的喜洋洋终于回忆起了有用的信息，让我们可以把这个梦完整地解出来。通过这个解梦的过程，我相信大家一定看到了准确及时的信息对解梦的重要性。

下面我们就来完整地解梦。

梦境的一开始是考试，关于卫生知识方面的。开头的梦境表达了喜洋洋内心的想法——她觉得自己在接受一场考验。但为什么是卫生知识方面的呢？这与男友的前女友生病了有关。喜洋洋觉得自己在与一个生病了的人竞争，在这场竞争中，自己显然处于劣势，在下面的梦境中我们可以看到。

接下来的梦境就是看时间的情境，喜洋洋多次问时间，而母亲说的都是同一时间，最后发现是表停了，而喜洋洋已经错过了时间，无法参加考试了——“后来我才意识到是不是她的表停了。果然，其实当时正确时间为 4 点 10 分，我十分懊恼，赶不上考试了。”

这段梦境与喜洋洋最后提供的信息有关，是一种焦虑的情绪，一种对时间的焦虑。在喜洋洋没有提供准确信息之前，我的猜测是与女性的生理卫生周期有关。因为女性对时间的焦虑而且与生理卫生挂上钩的，就应该是对怀孕的焦虑。

但是，喜洋洋否认了这一点，不过她最后提供的信息已经解开了这个谜。我估计当晚喜洋洋与男友应该在 12 点前分手的，然后喜洋洋在家里估算了一下时间，觉得男友 12 点一刻应该到家，然后给自己打来电话。但是，电话没有来，而且迫不及待关机了。这就引起了喜洋洋的猜疑，觉得男友一定去了前女友那里，同时也引起了喜洋洋的焦虑。而喜洋洋就是带着这种焦虑入睡的，显然她睡得很不踏实，并在半夜 4 点多醒来了，而这也正是梦境中出现的时间——4 点 10 分。

接下来是喜洋洋梦到自己迟到了，被排在最后。而且最关键的是，竟然没有给自己机会。即使通过自己的争取有了一个机会，考官也没有给自己足够的时间和准备，就匆匆地剥夺了自己的机会，而且简单粗暴地下了不通过的决定——“然后我匆忙赶到学校，教室里坐着院系一大堆人，只剩下最后几个人没考了。我去排了编号，放在最后。但是当倒数第二个选手演讲完毕时，主持人就宣布结束了。我就慌忙跑过去，说我还没考试呢。她很不耐烦地给我话筒，当时教室里的人已经走光了。她让我介绍自己，然后问我问题。我也没看书，答错了。然后她说，你没通过，就走了。”

其实，这一段梦境表达的是喜洋洋面对男友的前女友时的被动局面。

首先自己是后来的，在梦境中就表现为“迟到者”。然后在这段时间里，男友只顾讲前女友的好，这给了喜洋洋巨大的压力，并且对自己失去了信心，令其内心十分彷徨和不确定，这在梦境中表现为“没有看书，答错了”。然后当喜洋洋有机会表达自己时，男友似乎又没有给她很好的机会或者说对她所说的心不在焉，或者轻易地给她下了结论，觉得她不如前女友那么好，这也可以说是当晚男友匆匆离开并迫不及待关了手机这件事给喜洋洋带来的暗示。

最后，梦境终于转到了事件的本身，是喜洋洋对男友前女友的好奇之心，她想知道，这个女孩到底是一个什么样的女孩，为什么可以如此勾住男友的心。当然，在梦境中表现出来的是喜洋洋的“否定”防御机制，她在内心深处一定希望这个女孩并不是那么漂亮。所以，在梦境中就有——“她的前女友并没有我看到的照片上那么惊艳”。“后来我男友对她说，去唱首歌吧。她便走上舞台，在众人面前唱歌。”——在众人面前唱歌，意味着对她的认同，把她放到前台来，是男友对她的认可。

在这样的情形下，我们的喜洋洋只能“悄然离场”，并给自己找了一个借口——“心里还担心着考试”。“给老师打去电话，她话都不等我说完就挂了”——表示跟男友的再次沟通还是不顺当，男友应该表现出了不耐烦的情绪，不愿意与她纠缠这件事情。在梦境中就表现为——“再打就怎么也不接”。

当然，男友并没有完全关上沟通的大门，而是留了一扇窗——“只是给我发来一个短信，说要真有兴趣，改天见之类的”。这表达了男友还是愿意跟她沟通，但却是在合适的时候或者心情好的时候。

这就是整个梦境，表达的是喜洋洋在这段情感纠结中的焦虑情绪和彷徨心理。这时候的华夏大地，甲型流感（H1N1）正在全国肆虐。喜洋洋在QQ对话中告诉我梦中的卫生知识考试是关于甲流的，其实这是一个很重要的梦境信息，因为甲流在这个梦境中有四种象征意义。

第一，“甲”通“假”，这表明了喜洋洋对与男友关系不确定的心理，这种关系似乎是不真实的，是一种虚幻，实际是不存在的。

第二，“假”还意味着喜洋洋对男友前女友的不信任，认为她的病是不真实的，是她铐住男友的手段和武器。

第三，“流”意味着流产，这是喜洋洋对自己与男友关系的预感。她觉得自己与男友的关系是那么脆弱，一不小心就有可能流产。

第四，“甲流”只是一种感冒，可以很严重，也可以痊愈，这可以代表喜洋洋心中对这段关系中出现的问题的定义。她可能希望这些纠结就像甲流一样，能够治愈，能够很快过去。虽然可能会留下伤痕，但是，这一切毕竟会过去。

至于喜洋洋潜意识中到底是怎么来定义梦境中甲流的含义的，我们不得而知，可以说喜洋洋自己也不清楚。我们只能希望，在喜洋洋这段情感关系中的纠结就像甲流一样尽快治愈，让喜洋洋能够完全拥有这一段爱情。

因此，我将这个梦境的标题命名为“甲流”。至于喜洋洋的这段如“甲流”一般的爱情会有什么样的结局呢，她接下来的几个梦会给我们答案。

2. 内心自白

给喜洋洋解完这个“甲流”的梦之后，为了对她这一段时间的心路历程有一个了解，在征得她的同意后，我进入了她的 QQ 空间，结果发现了更多的线索。

我发现，喜洋洋在“甲流”梦境中所体现出来的心态，其实早已经存在于她的内心深处。喜洋洋通过 QQ 签名和日志已经在内心进行了激烈的斗争，她已经非常清楚自己所面对的局面，也对自己所处的情势有一个清晰的理解。因此，一方面，她给自己鼓劲，知道这份爱虽美但带着忧伤，但是为了爱，喜洋洋对自己说“我不害怕”；另一方面，当她遇到挫折时，她又非常沮丧，什么也不想说，而且对自己还“感到陌生”。

她既觉得自己很幸福，因为找到了一个自己爱的人，可又很失落，因为这种幸福感是以失去自我换回来的。在这份奇异的爱之中，喜洋洋找不到自己了。她迷失了，只有“不停购物能让我很快乐”，其实这表示只有这样她才能够找回自己。

为了便于读者对喜洋洋在这一段爱情中心境的理解，我将喜洋洋最近一段时间的 QQ 签名和 QQ 日志复制下来放在下面，让各位能够通过她在这个阶段中的内心活动更加清楚她的心路历程。不过有趣的是，她的 QQ 日志很多都是转载的，而且很多都是在 2007 年的时候就已经转载在她自己的空间中的，现在是被她自己重新顶出来的，这更加充分说明了她此时的心境。

当然，这又给了我一个新的发现。我似乎知道了她当初为什么要离开空姐这个岗位了。在她还是航空公司最美丽的空姐时，她一定遭遇了一场刻骨铭心的爱情。这份爱情是她用生命去爱的，但是结局应该不是那么美好，一定给喜洋洋带来了重大的创伤，并导致了喜洋洋空姐职业生涯的结束。她想做一个普通的OL，开始自己平凡的人生。

那场爱情的结束，应该是在2007年的上半年。因此，我们看到她在当时转载了很多与爱情相关的文章。而现在，历史似乎有惊人的相似之处。喜洋洋再次用两年前转载的文章来表达自己此时此刻的心境，让我们对这段爱情有一种不祥之感。

下面我们就来看看她在QQ空间中向我们传递的内心世界的信息。

（1）QQ签名

这一部分是她的QQ签名内容，我选取了其中几个签名，我觉得这些签名都表达了她当时的某种心境。

①彼岸，是否有花在盛开，带着浓烈的绝美与忧伤……我紧握手中火把，对自己说，我不害怕。2009-10-27 13:47:58

②忽然安静，忽然不想说话，忽然对自己感到陌生。 2009-10-28 11:09:48

③其实我已经很幸福，要知足，要感恩，要温暖，要开心。童话在我手中，生活可以用来写成小说。 2009-10-29 09:52:46

④找回自己，这个过程也许才是最幸福的。不停购物能让我很快乐。2009-10-30 14:14:51

（2）QQ日志

这是选取她的部分日志，这些日志很多写于2007年，然而又在这一段时间进行了转载，这似乎表达了她某种与当时相类似的心境。

【日志一】关于爱，坚持或是放弃

你发觉了吗？爱的感觉总是在一开始时甜蜜，总觉得多了一个人陪，多了一个人帮你分担。你终于不再孤单了，因为至少有一个人想着你，恋着你，只要能在一起就是好的。

但是慢慢地，随着认识的加深，你开始发现了对方的缺点，于是问题一个接一个出现。你开始烦、累，甚至想要逃避。有人说爱情就像捡石子儿，总想捡到一个适合自己的，但是你又如何知道什么时候能够捡到呢？她适合你，那你又适合她吗？

其实，爱情应该像磨石子儿，或许刚捡到的时候，你不是那么满意，但是请记住，人是有弹性的，很多事情是可以改变的。只要你有心，有勇气，与其到处去捡未知的石头，还不如将自己已经拥有的石头磨亮磨光，你开始磨了吗？很多人以为，是因为感情淡了，人才会变得懒惰，其实人是先被惰性征服，感情才慢慢变淡的。

在某个聚餐的场合，有人提议多吃点虾对身体好，这时候有个中年男人忽然说："十年前，当我老婆还是我女朋友的时候，她说要吃十只虾，我就剥二十只给她。现在，如果她要我帮她剥虾壳，简直就是开玩笑，我连帮她夹菜都没兴趣了，还剥虾壳呢。"

难怪越来越多的人只想谈一辈子恋爱，却迟迟不肯走入婚姻。因为，婚姻容易让人变得懒惰。如果每个人都懒得讲话，懒得倾听，懒得制造惊喜，懒得温柔体贴，那么夫妻或情人之间，又怎么会不渐行渐远渐无声呢？所以请记住，有活力的爱情是需要适度殷勤来灌溉的，谈恋爱，更是不可以偷懒的。

有一对情侣，相约下班后去用餐、逛街，可是女孩因为公司会议延误了，当她冒雨赶到的时候已经迟到了30多分钟。她男朋友很不高兴地说："你每次都这样，现在我什么心情也没了，我以后再也不会等你了！"刹那间，女孩的心决堤崩溃了，她在想：或许，他们再也没有未来了。

同样，在同一个地点，另一对情侣也面临同样的处境，女孩赶到的时候也迟到了半个钟头。她的男朋友说："我想你一定忙坏了吧？"接着他为女孩拭去脸上的雨水，并且脱去外套披在女孩身上，此刻，女孩流泪了，但却是温馨幸福的。

你体会到了吗？其实爱恨往往只在我们的一念之间！爱不仅要懂得宽容，更要及时，很多事可能只是在于你心境的转变罢了。如果有个人爱上你，而你也觉得他不错，那并不代表你会选择他。

我们总说：“我要找一个很爱很爱的人，才会谈恋爱。”但是当对方问你，怎样才算是很爱很爱的时候，你却无法回答他，因为你自己也不知道。

没错，我们总是以为，我们会找到一个自己很爱很爱的人。可是后来，当我们猛然回首，才发觉自己曾经多么天真。假如从来没有开始，你怎么知道自己会不会很爱很爱那个人呢？其实，很爱很爱的感觉，是要在一起经历了许多事情之后才会发现的。每个人都希望找到自己心目中百分之百的伴侣，但是你有没有想过，在你身边早有人对你默默付出很久了，只是你没有发觉而已。

所以，还是仔细看看身边的人吧，他或许已经等你很久了。当你爱一个人的时候，爱到八分绝对刚刚好。所有的期待和希望都只有七八分，剩下两三分用来爱自己。如果你还继续爱得更多，很可能给对方造成沉重的压力，让彼此喘不过气来，甚至会完全丧失爱情的乐趣。

所以请记住，喝酒不要超过六分醉，吃饭不要超过七分饱，爱一个人不要超过八分。如果你正在为爱迷惘，下面这段话或许可以给你一些启示：爱一个人，要了解也要开解，要道歉也要道谢，要认错也要改错，要体贴也要体谅；是接受而不是忍受，是宽容而不是纵容，是支持而不是支配，是慰问而不是质问，是倾诉而不是控诉，是难忘而不是遗忘，是彼此交流而不是凡事交代，是为对方默默祈求而不向对方诸多要求。可以浪漫，但不要浪费，不要随便牵手，更不要随便放手。

【日志二】当他不爱你的时候

因为爱过　　所以不会做敌人

因为伤过　　所以不会做朋友

只能是最熟悉的陌生人……

献给所有得到过所爱却又失去所爱的人，给从未得到所爱的人，给因为仍旧爱着，所以选择了自欺欺人的人。这，是一面镜子，告诉你要勇敢面对，勇敢放弃，勇敢重新开始。

当他不爱你的时候，或者是当你无法成为他心里的那个人时，他的心便不会记得你。虽然他知道你深爱他，但他宁可选择装作不知道。

当他不爱你的时候，请不要在你不开心或者遇到麻烦的时候去打搅他。他那儿绝对不是你此刻正确的去处。也许他会在接到你电话的时候，淡淡地安慰你几句，却也仅此而已。也许你会再想要一点什么，于是说我们见面吧，而他肯定是心中有些烦躁了。当他不再爱你的时候，你的爱，你的人，就会显得廉价许多。他会说好，不过我现在有事情，晚点的时候你再打电话给我吧，或者我给你电话也可以。而你这时千万不要当真，他只是找了个不是很高明的理由来搪塞你。请不要真的去等，不要骗自己。

当他不爱你的时候，请不要与他讲你的故事。也许此刻，你希望让彼此更熟悉一些。只是，他已无暇甚至更没有兴趣再去了解你、你的生活、你的过去。你的长处短处于他又有何干？即使讲了，他也会很快忘记，就如他忘记你的生日、你的地址、你的电话一样。没有爱，于是你注定挤不进他的生命，哪怕你要的只是很小很小的角落。

当他不爱你的时候，请不要在他面前流眼泪，不要在生病的时候告诉他。他是无法给予你照顾和关心的，至多只是同情一下。请骄傲的你，不要放弃本来属于你的骄傲。虽然太多的人，在爱的面前丢失了很多，甚至连站起来的勇气都没有，但是要记得，只有爱自己的人，才会真正地去疼惜你，而不是旁观者的同情、怜悯……

当他不爱你的时候，你的爱便是他的负担。请不要去计算自己的付出，更不要希望有什么回报。爱着不爱自己的人，本身就是没有回报的。也不要计较对与错，这样会快乐些。要记住，你与他之间的爱，是单方面的，你用心，他无心。所以，也不要怪他，也许他也想做好些，对你不要那样冷漠。可是，爱一个人，与一个人好，是一种本能。对不起，他没有这样的本能。

当他不爱你的时候，请不要失去自己的自信。因为爱一个人，并非他是优秀的，而只是一种感觉。他让你有这样的感觉，于是你爱他。同样，他不爱你，并非你不优秀。优秀，不是爱的理由。看看还有那么多爱自己的人，淡淡地微笑一下，也是一样的甜美。

当他不爱你的时候，也一定要祝福他。有了爱，便不该有恨，爱是美好的，恨却丑陋。何必让生命中最美好的东西化作丑恶呢？也不要觉得不公平。他失去的是一个爱他的人，而你失去了一个不爱你的人，却得到了一个重新生活、重新去爱的机会。

请不要去想到永远，爱没有永远。你此刻的深爱，却注定在遥远的一天不再爱他，他只是比你早一步到达了这一天。当他不爱你的时候，请轻轻拥抱一下回忆里的温暖，轻柔地凝视那凋谢的温柔。

当他不再爱你的时候，亲爱的，请你深深呼吸一下。一生的路上，铺满了爱的鲜花，总有那么一朵是属于你的。不是在安慰你，而是，这是生生世世早已注定的，相信我。

【日志三】不曾远离

“生命中总当有所坚持，并不是只可在获取与放弃之间任选其一”

不后悔曾经走过的路，也许哪一天街头偶遇，我希望自己仍将美丽、真诚。我的目光，仍将清澈如水……

曾经，多少次你温柔地捧起我的脸，目光如水。

而我，最刻骨的悸动和梦想都给了你，太彻底、太唯美，终究，也注定了迷失。太年轻的心呵！

夜深人静的时候总有一个声音试着轻柔地告诉自己：你没有丢失你的爱，你生活在爱里。找回了自己，找回了自己！

生命中我的悸动和透亮。

我的宽容，我的信义，我的多情，我的聪慧。

因为爱的暂时失却，刺痛地清晰着。

做个坚强如松的女子吧，如张爱玲所言：女人，是可以长成一棵树的，根深，枝繁，叶茂。我曾经希望在海边做一棵剔透的水晶般的树。

“多少人爱你年轻欢畅的时辰，爱慕你的美丽与温馨，假意或真心，只有一个人爱你那朝圣者的灵魂，爱你衰老的脸上痛苦的皱纹。”

我知道，在自我实现的欲念里，在现代人都很迷惑的矛盾情绪里，你急切、你渴望，财富和奢华，是年轻的你最真最切的选择。只是你不知道，爱是生命的本源，失去了爱，我们将一无所有。

财富不会自动地带来快乐。有生的日子里唯愿你能善待自己，善待那一颗曾经真诚过的心。

一路珍重！

而我，甚至开始庆幸你给了我这么多的苦难，从此不再惧怕风雨。没有你的关注，没有你的欣赏，没有你的执著，我不再叹息。我们永远需要彼此的欣赏和肯定，这才是我们无从回避的心灵渴望。曾经这么期期艾艾地对你说过，生命是大本营，生命又是一条流动的江河，而对你的爱，或轻或重已成记忆尘封，我兀自美丽，昂首赶路。

我微笑，微笑，再微笑，让快乐，让真诚，让信义，让多情一如既往地涌入我的心田，滋养着我，净化着我的灵魂，我的信仰。

人生本无家，莫道有家归不得，不，天地之在，皆为我家！年轻的、时髦美丽的都市女子需要思索，需要清醒。

我们总是最先忘记自己，我们把自己交给尘世，任他沉浮，心厚厚的一层茧，谓之成熟。

在刺痛的日子里，我思考自己的变化。

“唯有对人的热爱会比世界上任何东西带给你更多的幸福。”

被搁置已久的所谓得失，所谓困惑，所谓追求，所谓大我小我。

在自以为失去爱的日子里，爱，并不曾远离。多少人的爱在温暖我似乎冰冷的心。

很多以为太过艰难的事，我已经那么轻松地做到。我在不断超越，我在不断坚强。

太多希望、太多梦，它永远站在前方，给我力量。

而明日，明日又将天涯，明日如我笑靥灿烂，依然美丽如花。

“人的一生应该有许多停靠站

我但愿每个站台都有一盏雾中的灯

即使冰雪封住了每一条道路”

【日志四】爱，需要正确的时间

一个女人突然决绝地跟相爱五年的男友分了手，闪电般嫁了他人。

她说她要结婚她实在等不起了，而他虽然爱她，却根本没有一点这方面的意思。过了几年，男人也结婚了。那个新娘其实未必比她出色多少，或者这一次他的爱并没有多么深，只不过她出现的时机实在太好，即刚好在他萌生倦意想安定下来的时候。于是，不需要什么更好的理由了，她来得正是时候，那么，就是她了。

其实我们寻寻觅觅了那么久，遍尝每一次爱情的甜蜜与艰辛，而最后选择的爱人，不过就是在我们心动时，经过身边的那一个。什么青梅竹马，什么心有灵犀，什么一见钟情，都不过是些锦上添花的借口，时间才是冥冥中一切的主宰。

回首往事的时候，想起那些如流星般划过生命的爱情，我们常常会把彼此的错过归咎为缘分。其实说到底，缘分是那么虚幻抽象的一个概念，真正影响我们的，往往就是那一时三刻相遇与相爱的时机。男女之间的交往，充满了犹疑忐忑的不确定与欲言又止的矜持，一个小小的变数，就可以完全改变选择的方向。如果你出现的早一点，也许他就不会和另一个人十指紧扣；又或者相遇的再晚一点，晚到两个人在各自的爱情经历中慢慢学会了包容和体谅、善待和妥协，也许走到一起的时候，就不会那么轻易地放弃，任性地转身，放走了爱情。

在你最美丽的时候，你遇见了谁？

在你深爱一个人的时候，他又陪在谁身边？

在你心灵最脆弱的时候，又是谁在与他同行？

爱情到底给了你多少时间，去相遇和分离，去选择和后悔？

【日志五】重温《大话西游》

看到紫霞深爱至尊宝的时候，他心心念念地寻找他的白晶晶，

而当他终于看到了她留在心里的那一滴泪，却已经失去了选择的权利。

每一次看到他潜入另一个人的身体，去偿还前世欠她的一句承诺，

再看他在夕阳下孤独地走远，总是情不自禁地想要落泪。

不是不心动，不是不后悔，但已经没有时间，再去相拥。

如果爱一个人而无法在一起，

相爱却无法在适当的时间相遇，

如果你爱了，却爱不对时间，除了珍藏那一滴心底的泪，无言地走远，你又能有什么选择？

时间的荒野，没有早一步也没有晚一步，

于千万人之中，去邂逅自己的爱人，那是太难得的缘分。

更多的时候，我们只是在彼此不断地错过，错过了杨花飘飞的春，又错过了枫叶瑟索的秋，

直到漫天白雪，年华不再，在一次次的心酸感叹之后，才能终于了解——

即使真挚，即使亲密，即使两个人都已是心有戚戚，我们的爱，依然需要时间来成全和考验。

这世界有着太多这样那样的限制与隐秘的禁忌，

又有太多难以预测的变故和身不由己的离离合合，

一个转身，也许就已经一辈子错过。

多年以后，才会参透所有的争取和努力，都抵不过命运开的一个玩笑。

上帝在云端只眨了一眨眼，所有的结局，就都已经完全改变。

【日志六】*He's Just Not That Into You*

He's Just Not That Into You（《他其实没那么喜欢你》）是一部电影，它的开头很有趣。从非洲某部落的土著居民到纽约高级餐厅里的白领，从体态富贵的中年妇人到魔鬼身材的窈窕少女，世界上，几乎每一个角落里，都有女生在问：为什么他没有给我打电话？为什么他不来找我？为什么他突然失去了联系？

然后，这样的女生身边，总有一群劝解她的死党好友。好友总是说，“他这样做只是因为太爱你了”“也许他害羞”“也许他自卑”“也许他不知道怎么联络你”“相信我，他肯定是喜欢你的”……女人们只想赶快让姐妹们笑起来，却很少想该怎么让她们清醒。

事实是，也许他只是不想找你。电影说，如果一个男人真的喜欢你，他会动用一切力量去找到你：手机、email、msn、google…… 这已经不是石器时代了，真正喜欢你，即便经历海啸、洪水，即使你消失在人海，大海捞针他依然会找到你。

He's Just Not That Into You 是根据同名畅销书改编，据说原著小说是受到《欲望都市》里某个情节启发而成的。当 Miranda（米兰达）和 Carrie（卡丽）的男友 Berger（伯杰）讨论约会时提到，如果一个男生跟你约会，送你回家而没有上楼，说明“他其实没那么喜欢你”，其中所反映的是男女在恋爱中所处地位的问题。

由于国情不同，中西有别，这个约会后没有送上楼的定律貌似并不适用于我们。那么，到底还有哪些情况可以说明他其实没那么喜欢你呢？

如果他答应你的事却没有做到，哪怕只是一个电话，不要给他找借口：“他真的很忙所以忘了”“至少他真的与我道歉了”……他很忙，你也不轻松，这个城市有谁不忙？是忙到即将就任美国总统，还是一个小时有好几亿的生意要谈？有手机、快速拨号，甚至语音拨号，有时压根没想打电话，电话就从裤兜里拨出去了，如果真的喜欢你就不会忘记，如果忘记说明他不在乎你失望与否。男人对自己想要的东西是永远不会说“忙”的。

如果他暧昧不清，不要替他解释：“他以前受过伤”“他刚刚分手或离婚，他想慢慢来”“他习惯了自由”……一个男人若是真的喜欢你，就不会暧昧不清，而会昭告天下对你的所有权。如果喜欢你，但由于私人原因想慢慢来，他会立即把这一点明确告诉你，他不会让你猜来猜去，因为他不想让你失落而离他而去。如果他不愿意见你的朋友和家人，他不愿意带你走进他的圈子，说因为这只是两个人的事，那么请自动翻译成“我只想用你来消磨时间”“我不太喜欢你”。

如果他背叛你，不要去想：“他喝多了”“那只是偶尔出现的意外”“他是不小心的”…… 背叛没有借口。背叛这种事情是不会“不小心就发生”的，他不可能说“噢，我不小心摔了一跤，正好摔到别人床上去了”。

如果他每次都喝得醉醺醺才来找你，而不愿意在清醒时为你改变，那么就该离开，因为长远的生活是需要清醒的。如果时机成熟但他依然不想结婚，也许仅仅意味着“不想和你结婚”，那些说“不想结婚”的人最后一定会结婚，只是不是和你。

如果他不断地与你分手，然后又来找你和好。

如果他突然莫名其妙地消失了。

如果他是已婚。

那么多的如果，其实都只有一个答案。

有时我们宁愿相信一个男人太害怕、太紧张、太自卑、太爱前女友、太敏感、太忙、童年阴影太多、家庭压力太大、太累……却不愿意看清很简单的事实。是的，他不是太忙，不是受过伤，不是有童年阴影，不是遇到了意外，不是要就任总统，不是脑震荡得了短暂性失忆，不是手机掉进了火锅，不是有健忘症，更不是你已经坚强到可以令他不担心，他只是没有那么喜欢你而已。

这样的潜规则，对女生就没有吗？也有。如果满足以下条件，也许说明，她其实没有那么喜欢你。

她说，“这个周末我没空”。潜台词是：下个周末，你也不用打来了。否则，她们必然会在这句话之后有所补充，提出有空的时间。

她说，“我这辈子不想嫁人”“我家里人不允许我谈恋爱”，以及“我还太小”，永远别相信“女生是在矜持”。如果你发现你和她的约会自始至终都需要你主动提出，甚至隔上一个礼拜也接不到一个她的电话，那么请自动离开。永远别相信“我需要考虑考虑”，也许她真的需要考虑一下，但这顶多需要一个晚上的时间。如果第二天她没有主动打来，你也绝对不用再打过去求证了。永远别相信“你和她可以先从朋友做起”，试婚已经够时髦了，你什么时候听说过试恋？

我们说了女生版“其实他没那么喜欢你”和男生版“其实她没那么喜欢你”的规则。于是有人问说，要怎么去相信他是喜欢你的？在这个所有规则都可以被打破，所有道德都在慢慢消散的世界里，要怎么去坚定地相信？

请你，忘记半个多小时之前，我说过的所有规则。

永远别相信规则，相信自己的感觉。

我想这个时代更需要一点自欺欺人，告诉我们自己他其实很爱你，叫你放心投入地去对待一个人，没有怀疑，没有疑问、揣测跟试探。还记得我们说过的“拼命奔跑，华丽跌倒”吗？在爱情里，也请勇敢坚定地拼命奔跑吧，然后，即使跌倒，你也可以说，自己是华丽的。

在*He's Just Not That Into You*里，那个名叫Gigi（吉吉）的女生，误会一个男生喜欢她，然后表白之后发现是自己会错了意，男生对她冷嘲热讽之后，她说：

我也许是太敏感、太会小题大做，但至少那意味着我还在乎。你以为用上这些所有能看透女生的规则你就赢了吗？你也许不会再受伤，也不会再让自己出糗尴尬，但是你也永远不会再体会到那样的爱。你不是赢，是孤独。也许，我做了很多很傻的事情，可是我知道，这样的我会比你更快找到那个对的人。

相信自己的感觉，喜欢自己的人生。也许所谓的happy ending（幸福结局）并没有包括要给你一个perfect guy（完美情人），也许所谓的幸福结局，就是抱着永不放弃的希望，继续前行。

这就是喜洋洋在这一段时间新写的和转载的自己的日志，透过这些日志，我们基本上可以感受到她在这一段时间内对爱情的思考及她的挣扎与彷徨。

3. 母亲去世

在喜洋洋给我说完“甲流”梦境几天后，我和她又在QQ上相遇了。这次，喜洋洋给我说了一个她觉得十分可怕的梦。下面是我们之间的对话。

喜洋洋

梦侦探，我做了一个梦。不过在说之前，我想先问问你，极端可怕的噩梦，如果说出来会不会不好？对现实会有影响吗？

梦侦探

不会影响，应该说会好些，因为心灵得到释放。而且，有些梦境与它所表现的形式是没有关系的，而是内有乾坤的，梦境不是你表面想象的那样。

喜洋洋

我梦见我妈妈猝死。早上我离开她时还是好好的，下午忽然就得知她因为发生了一件事而死去。当时我还没反应过来。当时我跟爸爸在街角，我忽然站不起来，扑在他身上痛哭。我不停地流眼泪，那场景就跟发生在现实中一样，那种撕心裂肺的痛，让我直到现在都还记忆犹新。而且，好像我还有一个孩子，还不太会走路，孩子是男方家里带着，但是我却不知孩子的爸爸在哪里。我看着孩子蹒跚走路的样子，却一点也不怜惜。我失去了母亲，对孩子根本毫无爱意。我忽然什么都不想要了，就是那种意志完全崩溃的状态。

醒来的时候，那简直就是一种解脱。我万分庆幸地告诉自己，幸好，原来那只是一场梦。

梦侦探

不用担心，你应该看了我类似的解梦，跟实际情况两回事。

喜洋洋

其实这种解脱的感觉，我有过好几次，有时是梦见我杀了人，被公安到处追捕。我到处逃跑，心里的那种恐惧太真实了。

梦侦探

一般而言，亲人死亡意味着自己的心死或者与过去告别。当然，也有其他的情况，如自己遇到特别伤心的事情，还有就是在一种强烈或者长期压抑下的释放。

喜洋洋

嗯，我看了不少你关于死亡的解梦案例，知道是这样。但是发生在自己身上，还是有点……

梦侦探

这说明你昨天应该有比较重要的事情发生，或者有某种特别的感悟。

喜洋洋

有某种特别的感悟？好像确实是这样的。但是确实也没发生什么事啊。

梦侦探

先说说昨天发生了什么事情吧，你说说昨天一天的行程。

喜洋洋

对了。想起来一点了。

昨天我一个同事，她忽然收到消息说她奶奶死了，哭着赶紧回家了。是不是受这个影响？

关于孩子，是不是因为我睡前看了香奈儿那个电影，里面有个场景，别人告诉香奈儿，你不要妄想用孩子去留住这个男人。可能也有影响。

梦侦探

是的，但是这只是一个导火索。真正的原因是你内心深处的感悟，你内心对这段感情有了很微妙的心理变化。

喜洋洋

嗯，是的。你说得很对。我是想告诉自己，心态淡然一些。最终会幸福还是会受伤害，都是自己的命。我只是需要更多地找回自己，不要为任何人迷失自我，淡定地看待自己的感情。

梦侦探

这个想法是很对的，我觉得应该是你这几天的一些感悟和想法。你似乎在慢慢看清楚某些事情，你的签名也透露出一些信息：找回自己才是最幸福的。但是体现在梦中似乎表现出来的不仅仅是这样。

喜洋洋

在梦中的我似乎还是很纠结，是吗？至少没有那么放得下。

梦侦探

是的，因为梦境表达了你作出这种决心的一种从内心深处所散发出来的悲恸，你很舍不得，但是理智告诉你应该这样。其实你的情感没有彻底放开，你说要找回自己很重要，但是，你的心却还是留在了那里。梦境中的小孩就是你自己，你对自己已经毫不在意了，你很看重这份感情，你的感情在那里了。

喜洋洋

嗯，说得很对。

这就是我跟喜洋洋的对话。在这段对话里，我虽然没有对梦境进行具体的解释，但是，却已经把梦境要表达的主题阐释清楚了，也得到了喜洋洋的认同。

这段梦境的核心意义，在于喜洋洋内心的悲恸被强烈地压抑了，需要爆发。因此，在梦境中通过自己最亲的人去世，来触发自己压抑在内心的悲恸的释放。当然，当天有一个同事的奶奶去世，那位同事悲痛的情绪肯定是影响到了喜洋洋，但这只是一个导火索，并不是导致喜洋洋在梦境中悲痛欲绝的真正原因。

真正的原因是，在喜洋洋的内心深处，已经对这段感情彻底绝望了，也就是说，她在潜意识中已经下定了决心，她将要放弃这段感情。

然而，这段感情是这么容易放弃的吗？喜洋洋在内心深处仍然爱着男友，因为这是她在遭受感情创伤两年之后的再次恋爱。而且，通过喜洋洋的描述，他是那种很少能够让她心动的男人。

喜洋洋不愿意就这么轻易地放弃这段感情，然而，这段复杂的感情也让喜洋洋心力交瘁，并让她觉得失去了自我。没有了自我，就没有了恋爱的主体，自己又如何用一种良好的心态去爱呢？

但是，面对现实，喜洋洋又不得不作出选择。虽然在意识上喜洋洋还没有作出选择，但是潜意识先行一步，它已经预感到自己将要失去这个男人，因此，一股悲恸从内心深处涌上来。本来是被压抑住的，但是，同事奶奶去世的悲伤情绪感染了她。我们知道，心与心是相通的，这就是为什么我们会有情绪的感染。

这种失去的痛，对于喜洋洋来说，是一种撕心裂肺的痛，因此在梦境中就表现得淋漓尽致。失去了男友，对于喜洋洋来说，就如同失去了自己最亲的人一样。但是，如果不这样，失去的就是整个自我。

从喜洋洋的内心自白中，我们知道她是一个自我意识非常强烈的女孩。在这份令自己失去自我的感情中，我们可以预知她的选择。

这时候，在梦境中出现了一个小孩，是喜洋洋的，但是不知道父亲是谁。而那个孩子，还在蹒跚走路。但是，喜洋洋正沉溺在悲恸之中——“我失去了母亲，对孩子根本毫无爱意。我忽然什么都不想要了，就是那种意志完全崩溃的状态”。

可以想象这段感情带给喜洋洋的伤害。那个孩子，可以理解为他们之间的爱情，但是从后面的梦境来看，这更多的表达的是她自己——“我看着孩子蹒跚走路的样子，却一点也不怜惜”。

其实，失去并不可怕，可怕的是一种得失的权衡带给人的焦虑。这种焦虑，令喜洋洋无所适从，耗尽她的心力，令她面对无奈徒生出一种深深的悲切。

这就是整个梦境所传达出来的主题。根据这个主题所反映出来的喜洋洋的潜意识，我们可以预知，这段感情未来的发展不容乐观。如果喜洋洋的男友不能很好地解决与新旧女友之间的关系的话，喜洋洋是不愿意在其中苟且的。

对于喜洋洋来说——宁为玉碎，不为瓦全——这是她的爱情原则。

4. 新年的句号

一转眼，2009 年已经过去了。在度过了 2010 年元旦假期之后，我回到办公室，打开邮箱，就看到了喜洋洋的一封来信。我心想，一定有什么事情发生了。

于是我打开邮件，下面就是邮件的内容：

梦侦探你好：

最近忙吗？新年快乐！

下面的内容比较多，都是关于我的梦境和近况的，你等有时间的时候再慢慢看，不要影响到你的工作了。

跟你说说我最近做的几个梦。2 号那天我在我大姐家睡，晚上做了一个奇怪的梦。只记得有一个场景。

我们开车，上一个很陡的坡，接近 90 度了。好不容易发动车，走到一半时，前方全是车，不能前行了，于是车子开始向后退。但根本无法停止，因为那坡实在太陡，而后面是一片很深的树林，深不见底。车倒退途中我伸出手来紧紧抓住了一棵树，车才暂时停了一会儿。忽然之间，我的灵魂离开了我的身体，我告诉大家，说我去找别的人帮忙，让大家等着。

当我的灵魂逃离了那个险境，来到另一片祥和的地方时，我立刻被别的事缠绕，就忘了解救其他人的事。直到晚些时候，我才到处去找那个该找的人。见到他以后，我跟他寒暄了几句，看看时钟，来不及了。那车子已经退完了那段路，掉进树林中了。我无法获知我的肉体和同伴们的处境。但忽然之间，我感到我的头有血流下来，流了好多的血……

然后 3 号晚上又做了一个梦。情况是这样的，因为最近北京太冷了，下了很大的雪，昨天我下班后还在雪地里拍雪景，虽然冷但其实很美，就像童话世界。

晚上做梦就忽然梦到自己来到深圳，很温暖，阳光灿烂，我还告诉自己，未来的这几年就要在这里度过了。深圳，还有两个深情的男子在等着我（这一点就是现实的状况，梦里也能意识到），忽然觉得北京好遥远，所有关于北京的回忆都不复存在。

这几天就做了这两个梦，梦境总体来说是很模糊的。不过尽管一晚上都在做各种杂乱的梦，但总有一个场景会让我感觉如现实生活般真实，我也不知道梦境是要告诉我什么。

对了，说点现实的状况吧，我跟男友还是分手了。现实状况蛮复杂，我对他总没有安全感，而且在生活中我们未必合适。还有他的前女友在其中夹杂着，我觉得自己实在无法把控。还是长痛不如短痛。我相信，如果真是属于自己的东西，不会让我得到而又那么曲折迂回，毫无安全感。

我让他回到前女友身边，陪她治病，先把病治好再说。

这都是一个月以前的事了，那段时间我确实过得很不好，瘦了7斤多，不太容易开心起来。

不过这段时间已经好很多了。但就是整夜做大段的梦，直到睁开眼睛的那一刻。

好了，就写这么些吧，谢谢你抽时间为我解梦，谢谢你的关心。

以上就是这封带有两个梦境的信。

看完这封信，我感觉这有点新年总结的味道。

因为这两个梦，一个似乎是对2009年过去的那段情感的总结，而另一个呢，是对2010年未来情感的憧憬。一个人在新年之际来做这样的梦是很有意思的，说明了其实潜意识在冥冥之中也是能感觉到一种特定时间的，也会在某些特定的时间来做一些特定的梦来吻合这种特殊的需求。

下面就是我看完邮件后在QQ上跟喜洋洋解析这两个梦的对话。

梦侦探

你的梦收到了，而且解出来了，挺有意思的。我把它命名为2010年新年总结，因为既有回顾又有展望。

喜洋洋

真的吗？你看出来那么多东西？好厉害呢，谢谢哦。

梦侦探

第一个梦是你跟过去说再见，虽然自己也伤痕累累，但是，过去的已经过去了。

你觉得那段路走得太累太辛苦了，虽然你也努力过，但是似乎不能阻挡事情的发展趋势，于是你果断地放弃了。虽然你心里还是有些许担心，但是，从梦境来看，你还是基本上放下来了。

梦侦探

第二个梦是你对未来的遐想，虽然与在深圳的人关系并不大，但是表达的是你对未来情感的憧憬，你希望有一种更加温暖的情感发生。而这段情感虽然美好，但是却不能让你觉得温暖。

喜洋洋

第一个梦里灵魂与肉体的分离是怎么回事呢？

梦侦探

我觉得你虽然是那种比较喜欢精神恋爱的，但是也需要现实的温暖感，一种真实的感觉。

喜洋洋

嗯，有道理。

梦侦探

所以你有一种灵肉分离的感觉，也就是你其实在心里早就抽身而退了。当你这样做的时候，这件事情就更加不可控地发展下去，最终的结局其实是你自己希望的那样。你不愿意跟着那辆车一起毁灭，但是你也受到了伤害，因为你流了很多血。

喜洋洋

想想似乎蛮符合实际情形。只是如果我心里早就抽身而退了，为何还那么低落呢？

梦侦探

那是很正常的，因为这是一种无奈，不是你的主动选择。你心里还是很留恋的，因为那是个让你心动的男人。

喜洋洋

谢谢你，也许这个梦是一种好的暗示。我知道接下来该干吗了。

梦侦探

是的，还是扔掉过去，往前走吧。

这就是我与喜洋洋的对话。

其实在此之前，在“母亲去世”的那个梦境中，我已经预感到了喜洋洋与男友的感情发展，知道从那个时候开始，喜洋洋的潜意识已经无法忍受这样的状况，并且已经预感到了未来的结果。

现在，通过喜洋洋的梦境，我们看到了她所作出的这个决定，而且她对自己的这个决定有着清晰的认识——这是她自己的决定。然而，她不知道的是，这个决定，是她潜意识心理促成的，因为在她的潜意识中她早已经作出来了。

当然，喜洋洋作出这个决定其实是一种很勇敢的行为，这个决定其实受伤最多的是她自己。但是，如果她不作出这个决定，毁灭的将不仅仅是她的身体，还有她的灵魂。

她不愿意丧失自己的灵魂，因为她不愿意失去自我。这是喜洋洋十分可贵的一点。

一个女孩对爱情有如此深刻的认识，幸哉？哀哉？

后记：

这些梦境解完之后，我将所有的解梦文字整理出来，发给了当事人喜洋洋看，希望不要曲解她的内心世界。下面是喜洋洋看完后我们之间的对话。

喜洋洋

你的解梦我看完了。大致是你分析的这样，除了很小一部分细节有出入，其他的都很吻合。

梦侦探

希望没有对你造成困扰，希望能够给你带来帮助。

喜洋洋

嗯，我现在已经释怀很多了。虽然在看到你的文字，回忆的瞬间，内心最柔软的地方还是被小小地刺了一下，但是你的解梦让我更加豁然。

梦侦探

这样就好，我希望你能够彻底地释怀，勇敢地往前走。

喜洋洋

你说我是否需要稍微做一点点的改变？

梦侦探

是的，这正是我担心你的地方。你所坚持的东西从道理上来说绝对是对的，但是生活不是这样，生活需要妥协，有时候需要模糊处理。

喜洋洋

生活需要妥协……也许吧。一旦前行，就无法再回头。尽管很痛，成长就好。

梦侦探

对的，成长才是人生最大的主题。

喜洋洋

（一个鬼脸图像）

有时我觉得你真像多啦 A 梦，有丰富的人生阅历、广博的知识、慈善的热心肠，给每一个暂时迷惘或困惑的人答疑解惑。

三 手臂上的小辫子

——未婚先孕之后的抉择

未婚先孕对于现在的人来说应该不是一件什么大事情。但是，对于第一次怀孕的女孩来说，应该还是一件大事情，特别是，当男友并不在身边，而自己又必须独自面对人流的时候，该是怎样的一种心境呢？如果你遇到这样的事情会怎样处理呢？你有多大的勇气来独自面对和处理这样的事情呢？让我们来看看下面这个案例中的爱情之心是如何跳动的吧。

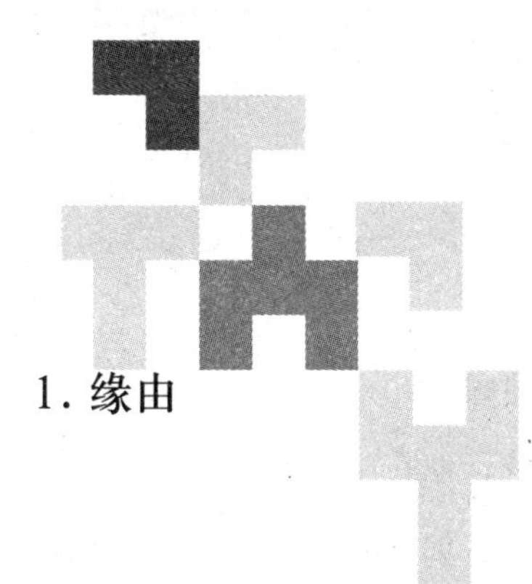

1. 缘由

2010 年 5 月 1 日，举世瞩目的上海世博会正式盛情开幕。

因为工作关系，5 月下旬的时候我去了一趟世博，利用工作的机会浏览了几个场馆，包括大热的日本馆、沙特馆和英国馆、法国馆等。但是要想全部看完所有的展馆，一天肯定是不行的，一周也是不行的，于是决定下次再来看。

当然，我也大体知道了下一次来看世博时应该用什么样的方式来看了——那就是以看场馆建筑为主，因为世博会堪称万国建筑博览会。至于场馆内，基本上是大同小异，通过多媒体展现各国先进的科技和文化。

还有，晚上看比白天看好。白天天气炎热，阳光炽人，非常辛苦。而如果傍晚开始进去，然后优哉游哉地看一看场馆建筑，到晚上华灯初上的时候，会非常美丽，比白天漂亮多了。这样观世博，给人的心理压力要小很多。

言归正传，当天看完世博后，我与一位朋友一起飞回深圳，却没有想到有一个意外的收获——为了给无聊的飞行旅行找点乐子，这位朋友将他最近做的一个奇怪的梦拿出来考我，希望我能帮他解开这个谜一般的梦境。

事实就是这么奇妙，没有想到的是，这件事情一发不可收拾，并最终引出一个动人心魄的感人故事。

下面就是他在飞机上给我讲述的梦境：

前几天我做了一个梦，梦到很多年没有见到过的前姐夫了。前姐夫现在还不到五十岁，但是在梦境中看起来却已经头发斑白，脸上布满沧桑。在梦境中我似乎知道他得了癌症，最近正在吃药。因此，在梦境中见到他时，我心中有一丝愧疚之意闪过，因为觉得自己似乎对他关心不够，于是很关切地问起他的病情。

他告诉我，他在吃中药治疗。虽然中药很苦，但是他还是坚持把所有的药都吃完了。他还告诉我，说他现在感觉很好，觉得癌症已经消除了，已经完全恢复了健康。他边说还边伸出两只手臂给我看，似乎想展示自己健康的身体。

我看到他的左手臂上长满了非常浓密的毛发，就像头发一样，心中不相信他的病就这样好了，于是更觉得愧疚。在他将手臂收回去的一刹那，我突然看到他手臂上的毛发变成了一根织成的小辫子，乌黑发亮的一条粗粗的小辫子。我当时还在纳闷：手臂上的毛发怎么变成了一根小辫子呢。

这就是大概的梦境。

讲述完这个梦之后，梦主跟我说，醒来后他觉得非常奇怪，自己怎么会做这样的一个梦呢。最近并没有跟前姐夫有任何联系，也没有发生任何与他挂得上钩的事情。

对于前姐夫，梦主觉得总体而言，自己跟前姐夫的关系还是可以的。但是当初在姐姐与前姐夫离婚的事件中，自己并没有竭力说服姐姐作劝解工作，因此如果说有一丝歉意的话是有可能的。但是，姐姐与前姐夫离婚都已经十多年了，最近并没有发生什么与此相关的事情，怎么会突然梦到前姐夫，并且在梦境中表达出一种愧疚之意呢？

另外，即使由于有愧疚之意而梦到前姐夫，但是为什么又无厘头似的在前姐夫的手臂上出现那么多的毛发，并且这些毛发还编成了一根辫子呢？这也是令梦主百思不得其解的事情。

这就是梦主最想知道的两个谜团。其实，解开了这两个谜团，也就解开了这个梦境。

听完梦主的叙述，我沉思了一下，其实是在内心评估解开这个梦的概率有多大。这并不是说我对揭开这个梦没有信心，而是在评估做梦者对我的信任程度。因为解开一个梦，有一半是靠解梦师的专业能力，还有一半则要靠做梦者的配合。而配合的程度则与做梦者对解梦师信任的程度成正比。

为什么这么说呢？其实解梦是有两个层次的。第一个层次是解梦师通过情节寻找梦境所要表达的主题和情绪，这就是解开梦境的线索。第二个层次就是梦主本人通过这个线索去顺藤摸瓜，去追忆自己的心路历程，从而最终揭开梦境的真相，探寻到自己真实的内心世界。

所以解梦就是一个顺藤摸瓜的过程，解梦师的任务是通过蛛丝马迹发现乱藤中的那根有瓜的藤，而做梦者的任务就是顺着这根藤去摸到藏在他心中的那个瓜。

我最终的评估结果是，根据这位朋友对我的信任程度，解开这个梦有七八成的把握。于是，我决定深入地来探这个梦。

对于这个梦，我们首先来看梦境的主题。很显然，这是一个关于愧疚的梦，梦主应该是对什么事情感到愧疚。跟前姐夫有关吗？可以有也可以没有。但是，从梦主的叙述来看，应该是没有关联的，因为在梦主的记忆中并没有任何跟前姐夫扯得上关系的事情发生。

如果是这样的话，那么，这件事情就应该是跟别的事情或者人物有关了。这很正常，梦境经常会用一件事情来说明另一件事情，梦境中的人物可以是与真实的心理状况毫无关联的人物，可能因为是最近接触到的，或者是印象最深刻的，还有就是与真实情况相类似的，都会通过联想而联系在一起，从而在梦境中出现，混淆我们的视线。

因此，如果这件事情与前姐夫无关，那么，线索就一定在那根乌黑发亮的小辫子上面了。这根辫子应该是一个象征的符号或者是一个暗示的信号，这个符号指向两个方向。

第一个指向是文化象征意义，小辫子与穿小鞋一样，意味着某件令人不愉快的事件。被人抓了小辫子或者抓了别人小辫子，从而导致愧疚心理。

第二个指向是实体指向，小辫子意味着女孩。可能是扎小辫子的女孩，也可能并不一定扎小辫子，而只是一个具有扎小辫子气质的女孩，如邻家妹妹之类的女孩——因为小辫子只是女孩的一个象征符号。如果是这样，那么，愧疚就是与一个女孩有关了。

当我分析到这里的时候，梦主脸上的表情也从好奇地想看热闹到慢慢变得凝重起来，我看到了他的这个变化，知道我的分析已经触动了他的心灵——线索出现了。于是，我停了下来，望着他，等着他自己开口。

这时候飞机一阵颠簸，我们赶紧扶住把手，虽然知道这无济于事，但仍然是人的一种本能反应，就像一个人的防御心理一样。

颠簸过后，飞行又变得平稳，我们都放松了下来，于是整个解梦过程就自然地转入了下半场——梦主开始顺藤摸瓜，从自己的内心深处挖出了一个令人欷歔不已的动人爱情故事。

梦主有一个可爱的女友，经常喜欢扎着两根小辫子，是一个充满幻想、纯洁善良的女孩。梦主与她交往已经有将近两年了，两人十分相爱。因为尚未到谈婚论嫁的时候，梦主与女友一直小心翼翼地做足避孕的工作以免怀孕。

几个月前，梦主要被公司派往外地常驻，想到要一个月才能见到一次，女友十分舍不得梦主走，因此，表现出十分的依恋。而梦主呢，从内心也舍不得离开这么可爱的一个女友，但是又很无奈。因此，临行前两人十分缠绵，几乎天天黏在一起，但是仍然做足了避孕措施。然后，梦主便离开了。

离开之后，虽然与女友保持着密切的联系，但是梦主总是感觉到有点不对劲，即使女友平时也是十分娇滴滴地依恋自己，但是这次感觉女友比任何时候都要脆弱，而且对自己的思念似乎异于寻常，在QQ视频中经常会感怀落泪。面对这种情况，梦主除了安慰还是安慰，并且尽快安排女友过来看望自己。

一个月以后，女友过来看望梦主了，梦主却总感觉女友似乎对自己有一种异乎寻常的依恋。在与女友一次不经意的对话中，梦主发现了女友似乎有什么事情瞒着自己——于是穷追不舍，刨根问底。女友刚开始含含糊糊想要应付过去，但是梦主坚信一定有什么事情发生，于是不肯迁就，并且使出狠招，终于逼女友吐露了真情。

原来当时梦主一离开，女友就发现自己怀孕了。为了支持梦主的事业，不给梦主增添负担，在经过痛苦的煎熬之后，女友决定不告诉梦主怀孕的事情，并且独自去做人流手术。对于任何一个女孩来说，做人流手术都是一件十分可怕的事情，何况对于梦主女友这样一个平时娇滴滴连看到一只虫子都会吓得惊叫的女孩。因此，要做出这样的决定不知道要有多大的勇气才可以。

从去医院检查验证到等待做手术的几天里，女友觉得自己简直是度日如年，彻夜难眠，但每次与梦主视频时又都强忍着恐惧和难过，不希望露出任何破绽。在临手术之前的那晚，女友其实十分担心，担心手术发生意外，自己就再也见不到梦主了，而梦主却不知道发生了什么，女友就从这个世界消失了。于是，女友写下日志告诉梦主整个事情，并且表达对梦主的爱意。第二天，女友无比坚强地独自走进了人流手术室。

当女友在梦主的逼迫下告诉了他整个事件的时候，梦主说他自己顿时泪流满面，在感到刀割般心痛的同时，感觉到一种深深的愧疚之意。特别是当女友告诉他，在手术等待和手术后留院察看的过程中，即使她看到所有的女孩都是在男友陪同下来做的手术，都受到男友无微不至的照顾时，自己心中并没有一丝的脆弱和责怪，而是自始至终充满着坚定的信念和幸福的感觉。因为她觉得自己所做的牺牲是值得的，并没有因为自己而耽搁男友的事业，所以整个过程即使是一个人也觉得男友一直陪伴在她的身边，从而一直洋溢着幸福的感觉，没有一丝的恐惧和害怕。

在飞机上，当梦主给我讲述这个故事时，我看到他的眼中已含满泪水。

是的，这个故事就是导致梦主整个梦境的缘由。

那么，为什么梦主对女友的愧疚之意，在梦境中展现出来的却是对前姐夫的愧疚之意呢？其实，这叫做合并同类项。可以这样说，在梦主的内心深处，应该埋藏着对前姐夫的一些愧疚之意。而当梦主对女友的愧疚之意被压抑到潜意识之后，潜意识就会在记忆的药匣子里面随意挑选相同的情绪素材出来表达这种愧疚之意，而这次挑中的，正是前姐夫的那部分。

然而，前姐夫并没有得癌症，为什么在梦境中会有他得癌症的情节呢？梦主告诉我，家中确实有亲人得了癌症，而且正在吃中药，他也十分关注这件事情。因此，在这样的情况下，梦境将癌症一事嫁接到前姐夫身上，这就为梦主的愧疚选取了一个合情合理的媒介物——癌症。如此一来，将所有的素材都顺理成章地串联在一起，就完成了这个梦境，让梦主被压抑的愧疚之情从中得以释放。

当然，梦境不会这么简单，它总是要在其中留出线索给我们，让我们有迹可循，寻找自己真实的内心世界——这个线索，就是前姐夫手臂上最后变成了一根小辫子的毛发。这个小辫子，就像狐狸的尾巴一样露出来了。这是意识的压抑与潜意识的反压抑斗争的遗留物，如同侦探中的证据一样，表面上看似乎都被擦得干干净净了，但是，总在人们不经意的地方和时候露出蛛丝马迹，直接指向事情的真相——小辫子表明整个事件并不是针对前姐夫，而是针对自己的女友，虽然潜意识想压抑这件事情。

这让我想起莫文蔚的一首歌《他不爱我》，里面有一句歌词是这样的："我看透了他的心，还有别人逗留的背影"——这种状况非常类似于梦境中的蛛丝马迹。

通过这个梦境，我们还看到，梦境中的情节和人物其实与现实生活中的事件是可以毫不相关的，但是，事件的性质是相同或者相类似的，这就是梦境的工作方式——通过主题相连进行合并同类项，并通过局部和不经意的细节揭示线索，从而让我们可以顺着线索折回去，找到事件的真相。

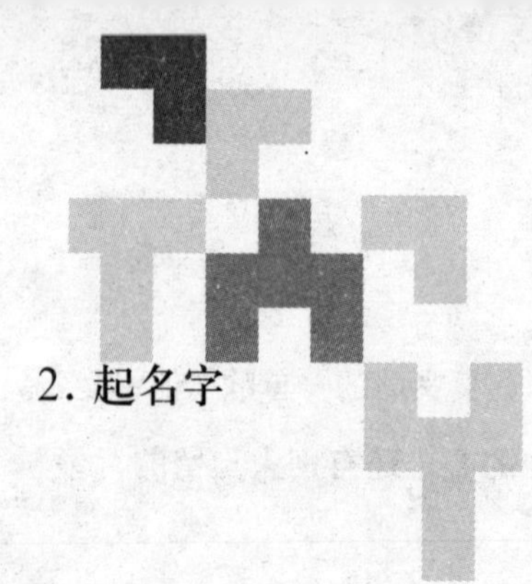

2. 起名字

在飞机上帮朋友探完这个梦后，我以为这件事情就过去了。不料回去几天后，朋友给我发来了一封邮件，是那段时间女友的日志，由一个又一个梦组成。他在征得女友同意后发给我，希望我能够帮助他的女友更深入地了解她当时的内心世界。

下面就是他女友的一系列梦境。

【梦境一】

昨晚做了一个梦。

梦到我在起名字，只是具体的情节记不清楚了——为什么要起名字和在给谁起名字，都不记得。只记得在起名字。

然后还梦到下雪了，雪好大，而且下得厚厚的。只看到白色的雪，雪覆盖了我家的房子和地面……

我一个人在家，衣服穿得蛮少的，但一点也不冷。本来我在客厅坐着，这时我看到小时候最喜欢我的外公来我家了。他的样子好清晰，笑容好安详，但却没有和我说一句话，我挽着他的胳膊，他就那样静静地微笑着。

接着，我竟然亲自走到厨房去给外公做吃的东西，还给他煮了白米粥，心想一定要多煮一会儿，煮得糯糯的，才更有营养和好吃。家里还有别的吃的，我似乎还做了一样什么东西，记不得了。在做着米粥的时候，我就像往常外公来我家一样，准备去南街桥头给他买他最爱吃的李汉家做的油条。

这时，妈妈回来了，而我却发现自己穿的衣服好少，似乎只穿了小背心和小裤裤，于是羞极了，赶快拿来一件衣服穿上。这时，感觉家中表姐、堂姐等亲戚都在我家里，大家一起玩，这时天也放晴了……

梦大概就是这个样子了。

醒来后，觉得这个梦怪怪的，于是就想了想可能跟梦有关的事情，自己觉得大概跟下面的一些事情有关吧。

（1）睡前看了亲爱的冬天在北京出差时发给我的在雪上写的“我爱你”的彩信，看的时候想，雪这么厚呀，我亲爱的写的时候，手都冻坏了吧，他这个笨笨怎么不会用个小树枝去写呢？想到这里心里觉得十分温暖。（梦到雪，是因此触发的吧？）

（2）晚上回家坐公车的路上，给亲爱的发了短信，他没有回，但收到了其他几个人的五一节日快乐短信。然后，西藏的表弟给我打电话了，我们聊了一会儿，我问了外婆在不在家，他说去小姨家了。（外公早已去世了，其实我当时并没有想外公，但是梦到外公是不是和这个诱因有关呀？）

（3）昨天看到有人在煮米饭。

我能想起来的与梦有关的线索就这些了……我想不太明白的是，我怎么会梦到在起名字呢？记得如此清楚。就是在起名字呢。

亲爱的应该已经睡了吧？今天是你离开的第一天，想你想你！白天上班累坏了，一直很忙，手的关节都累得很痛了呢，想让我亲爱的来呼呼，才会不痛……

不写了，我的宝贝，我乖乖地早点睡了，明天还要上早班。

么么，也许已在睡梦中的亲爱的，或许有可能此时玩疯了的亲爱的。

这就是朋友女友第一篇日记的内容。各位看到，其实每个人对自己的梦境都能找到一些线索，而且这些线索一般而言都是对的，比如说朋友女友就在现实生活中找到了跟梦境对应的情节出来。然而，梦境的奥秘在于，表面的情节是为内心服务的，它并不代表真实的内心潜意识，而是来烘托和表达潜意识的。真正的潜意识藏在这些合情但似乎并不怎么合理的情节之中。

比如说朋友的女友知道了下雪的梦境是源于临睡前看到男友冬天在北京出差时在雪地里用手画的爱情誓言，而外公的出现则是源于与表弟的通话中问到过外婆的情况，而做饭的情节则是源于当天看到过别人在做饭等。应该说，这样的分析都是对的，但是，问题的关键是，人在一天的生活中，会接受大量的信息，可以说成百上千，但是，为什么就这些信息出现在梦境之中呢？这是其一。

其二，这些信息都只是一些点状的信息，又为什么会加工成梦境中这样的情节呢？这说明什么？说明梦境对信息的抽取是有目的的，梦境对情节的加工也是有目的的，这种目的，不一定是有意识的，可能是源于思维和情绪的工作模式（如联系和联想，合并同类项等），但是一定是源于心灵的，是典型的“唯心主义”——一切源于心灵的驿动。

在这样的认识下，我们再来看梦境。

第一段的梦境梦到大雪纷飞，好大的雪，厚厚的雪不仅覆盖了大地，而且屋顶上也覆盖了厚厚的一层。这是一种什么意境？一种很美的意境。这种意境，带给梦女的不仅是美的感觉，而且还有温暖的感觉——因为接下来的梦境是，梦女发现自己穿的衣服很少，但是却没有冷的感觉。

接下来的梦境是外公的出现，也是诗意性的。外公并没有说一句话，只是用安详的笑容、慈祥的目光和亲切的肢体语言表达对梦女的无限爱意和支持，让梦女有一种无须言语表达的安全感。

第三段的梦境是爱的回馈，梦女用了两个词“竟然”和“亲自”表达了在梦境中做了连自己都觉得匪夷所思的事情——亲自下厨房，还精心地熬白米粥，还想着要多熬会儿，煮得糯糯的，才更有营养和好吃。最后还想专门到外面去买外公最喜欢吃的油条——所有这一切，充满着无限的爱意，不仅如此，而且还展现了一个小女人的万般柔情。

前面的梦境所要表达的东西我们都已经看得很清楚了，然而，这些梦境并不能说明本质的问题。而接下来的梦境就开始点题了，给我们打开了一扇潜意识的窗户，让我们隐隐约约看到了一些什么。

接下来的梦境是当妈妈回来的时候，梦女突然发现自己穿的衣服很少，于是产生了一种羞耻感，于是赶紧拿出一件衣服穿上。这件事情就这样一晃而过，并没有对梦女产生很大的影响，因为接下来的梦境是梦女梦到一大家子人都在自己家里玩，那一定是一个温馨宁静的场面，而且，这时候老天爷也配合得好，因为天放晴了……

这里最大的线索就是为什么当妈妈出现的时候，梦女突然发现自己穿得很少并且产生了羞耻感。前面的情节都是很美好的，为什么梦境在这里峰回路转？梦境的线索往往就是在灯火阑珊的转折处。这个羞耻感，不是因为穿得少，而是因为在梦女的心灵深处一定体验过一种羞耻感。然而，从梦境的情节来看，这种羞耻感并不是十分强烈，而是很快就消失了，取而代之的仍然是一种宁静的温馨感。

下面，我们将目光投向梦境的开始，梦境的开始是梦女在起名字，但是具体的情节记不清楚了——为什么要起名字和在给谁起名字，都不记得。只记得在起名字。

如果将最后的梦境与最初的梦境联系起来看，我们就找到了答案——这个梦的缘由，起源于梦女知道自己怀孕后的一系列情感变化。因此，我们可以初步判断，做这个梦的时候梦女已经知道或者预感到自己怀孕了。

从梦女对男友的感情来看，梦女深深地爱着自己的男友。我们知道，任何一个女人都愿意为自己所爱的男人留下种子。因此，当梦女知道怀上了自己心爱的男人的骨肉时，最初的反应一定是一种幸福感。因此，我们在梦境中看到，通过雪景和外公的出现，烘托的正是一种宁静的幸福感。

特别是对于情窦初开和富有想象力的女孩，则可能会更进一步，想象着为这个孩子起一个对于两人来说特别有意义的名字，来昭示两人的爱情。因此，梦境的一开始其实就是梦女这一潜意识的展示。只是由于两人之间的约定，目前并没有到谈婚论嫁生儿育女的阶段。因此，梦女的这种遐想很快受到了压抑，从而在梦境中不能得到进一步发展，使这一段的梦境变得模糊或者选择性遗忘。

我们知道，生儿育女还能激发一个女孩的母性。因此梦境中梦女为外公煮饭熬粥的那一段，正是梦女在知道自己怀孕之后母性的激发。这种母性的激发，在梦境中是针对珍爱自己的外公，其本质却是针对自己心爱的人，希望自己能够充当一个贤妻良母的角色，照顾好自己心爱的人，为他做好吃又有营养的东西，并且给他买最喜欢吃的东西。

我知道我的那位朋友特别喜欢吃油条，因此，梦境中专门去为外公买李汉家的油条，与其是为外公，不如说正是为自己心爱的男人。

在激动、幸福感和女性情绪的激发之后，妈妈的出现，使梦女产生了羞耻感。其实，这种羞耻感并非如梦中所展示的那样是源于衣服穿少了，而是源于怀孕这件事情本身的道德焦虑。母亲代表着社会道德，也就是说，当梦女知道自己怀孕的时候，还是有一点点的道德焦虑的。从传统的观念来看，未婚先孕对梦女来说还并不是一件可以坦然接受的事情，这说明梦女本身还是十分传统的。

但是另一方面，从梦境来看，这件事情对梦女并没有造成十分大的困扰，因为在梦境中这只是一闪而过的情节，梦女在披上一件衣服之后就过去了。披上一件衣服，可以解释为为自己找到了一个理由。最后的梦境是一个大家庭在一起，天气也放晴了，表明了在经历了短暂的羞耻感之后，梦女的心境又重新回归了宁静和愉快。

这就是整个梦境所要表达的真实的内心世界。通过这个梦境我们看到一个沉浸在爱河之中的女孩在知道自己怀孕之后的一系列情感波动。如果没有这个梦，我们的男主人公就很难理解一个少女的情怀。我相信，当我的这位朋友看了这个解梦之后，他对她的认识和理解一定会更进一步，他们的感情也会更加深厚。

3. 谋杀

【梦境二】

昨晚做了一个从来没有做过的竟然带着暴力情节的梦。

我竟然梦到了我的亲爱的杀死了一个女孩子，似乎是他和谁一起杀的，然后他想把已经杀死的那个女孩藏起来。我好怕，我看得到他，感觉到那个被杀死的女孩也在房间里。我好怕好怕。

在我特别怕的时候，那个被杀死的女孩似乎没有被完全杀死，又醒过来了。我看到我的亲爱的拿着一把水果刀对着那个女孩的胸口又刺了几刀，可却没有流血，但是我清楚地看到水果刀刺进了她的心口。此时的我既难过又害怕，但是又要和他一起处理这件事情，所以必须鼓起勇气，不许自己害怕……

接着，这件事似乎不见了，结束了，变成了另外一个梦。大概的情节就是我和亲爱的在一个房间里，我们互相拥抱着，我觉得他的怀抱好温暖。他想和我亲热，但是却笑着说：啊？你来那个了？我说：没有呀，只是怕会来，预防而已。

这个梦好像到这里就结束了。可能接着又做了另一个梦：

梦到在茶室里，金城武来了，他一个人在外面的椅子上坐着，我很想出去招待他，但是，无奈手中的事情怎么做也做不完，一直在忙碌。过了好大一会儿，透过吧台，我看到一个同事也来了，坐在金城武的对面。我还是很想出去，可是却要一直整理冰盒里的冰块，始终没有办法出去。

梦境就这样结束了。

关于水果刀，白天因为做了果汁，有用过，所以印象还蛮深的。在梦里出现的那把刀就是那把水果刀。

呜呜，还有，忘了告诉你昨天不止弄伤了手，晚上坐在椅子上，没有注意到旁边的椅子被人拉走了，还摔了一跤，头碰到另外的椅子角了，都肿了。同事帮我用冰块敷了好久，可还是好痛……

当你恨一个人或者讨厌一个人的时候，你可能会做一个梦，并在梦境中将此人杀死。极端的情况是，当你爱一个人爱到极处并且害怕失去TA的时候，你同样有可能在梦境中将TA杀死。这是人类正常的心态，一种隐藏在潜意识之中的恶之花。

在这个梦境中，我们同样看到了谋杀。虽然在梦境中谋杀的主角并不是梦女，而是其男朋友，然而，我们看到，从一开始对于谋杀的主角就是模糊的，因为梦境是这样描述的——“我竟然梦到了我的亲爱的杀死了一个女孩子，似乎是他和谁一起杀的”。这句话说明谋杀并不是男朋友一个人做的，而是和另外一个人做的，这个人是谁，在梦境里是模糊的，是确实不清楚还是潜意识有意地掩盖？其实，梦境已经给了我们信息——是和一个女孩一起杀的人。梦境不是说杀死的是一个女孩吗？并没有说是和一个女孩一起杀的。这正是梦境的诡秘之处——梦境并不直接给出答案，而是将线索隐藏在镜像中。杀死的是一个女孩，通过镜像原理，说明杀人的才是一个女孩，即梦女。

从心里的防御机制出发，梦女将杀人这一事件转移到男朋友身上，但是，由于意识与潜意识之间的对抗，这一转移并不十分干净，留下了两个尾巴——一是男友是跟另外一个人一起杀的，二是死者为一个女孩。这两条线索指向一个真相——这个共谋，不是别人，正是梦女自己。

因此，我们看到，这个谋杀的梦境，其实就是梦女在发现自己怀孕并作出人流决定后的道德焦虑，觉得堕胎无异于谋杀。梦女在发现怀孕之后在很短的时间内就作出了人流的决定，因此我们可以肯定地说，这个时候还无法辨别性别。所以梦境中杀死的是一个女孩，讲述的并不是真相，而是被杀死者的镜像——“杀人者”才是一个女孩。

如果没有前面几个梦境的铺垫，我们很难一开始就判断出这个杀人的梦境是一种堕胎的道德焦虑。然而，即使没有前面梦境的铺垫，在这个梦后面的情节中，同样给我们透露出来了相关的信息。

因为在这个梦结束之后，梦女接着还做了一个梦，这个梦透露出来的信息，其实就是前面一个梦的答案。这个梦的情节是这样的——“我和亲爱的在一个房间里，我们互相拥抱着，我觉得他的怀抱好温暖。他想和我亲热，但是却笑着说：啊？你来那个了？我说：没有呀，只是怕会来，预防而已”。

这个梦境告诉我们，梦女渴望跟自己的男朋友亲热，但是男朋友发现她不方便，没想到，梦女在梦境中告诉我们的事实是“没有呀，只是怕会来，预防而已”。这意味着这个不方便并不是我们通常意义上说的女孩子每个月的那种不方便，而是另外的情况。这另外的情况是什么呢？一定是跟每个月不方便相类似的情况，但又不是同样的情况，这就自然地指向了人流手术——因为只有人流手术，才会造成跟每个月不方便类似的情况。

因此，即使没有前面几个梦境的铺垫，我们仍然可以分析出这个杀人的梦境并不是指向讨厌或者憎恨某人，而是基于一种对堕胎的道德焦虑，是梦女决定去做人流手术之后内心的冲突和焦虑。

这种冲突和焦虑，其实还带来了梦女内心的反复和犹豫，体现在梦境中“在我特别怕的时候，那个被杀死的女孩似乎没有被完全杀死，又醒过来了”，表明梦女对是否确定要去做人流手术的犹豫，觉得是不是不应该去，因此在梦境中就出现女孩并没有被杀死而是醒过来了的情形。

然而，最后，梦女还是下定了决心，觉得这件事情非做不可，于是，梦境再次借助于男朋友的手，帮助梦女下定最后的决心——“我看到我的亲爱的拿着一把水果刀对着那个女孩的胸口又刺了几刀，可却没有流血，但是我清楚地看到水果刀刺进了她的心口”。

接下来的描述充分表明了梦女在面对这件事情并且作出决定时的内心世界——此时的我既难过又害怕，但是又要和他一起处理这件事情，所以必须鼓起勇气，不许自己害怕……

说句实话，帮我的朋友探到这里，我真的觉得很感动，觉得这个看上去如此娇弱的女友是如此坚强和有勇气，在面对如此艰难的道德焦虑和身心恐惧时，能够如此坚强面对。虽然期间有反复和犹豫，而且处于潜意识心理防御的本能在梦境中将自己开脱，然而，其实每一个决定、每一个行动都是由她自己独立做出来的，真的是勇气可嘉，并且其中也饱含了对男友深深的爱意和顺应男友意愿的坚定决心。

为什么这么说？因为我们看到，女孩之所以能够独立作出这个决定，一定是平时与男友（即我的这位朋友）在一起时男友曾表达过这样的意愿，一定是从工作、社会、年龄等角度综合考虑后觉得目前不是谈婚论嫁的阶段，从而决定不要小孩。因此，从这个角度讲，虽然决定去堕胎的是女孩，但是，这件事情真正的“罪魁祸首”确实是梦女的男友，是他决定暂时不要小孩从而令女孩能够如此果断地作出这样的决定。因此，梦境将男友定位为“主凶”，而将自己定位为“帮凶”还是十分妥帖的。

不过，话又说回来，难道女孩真的就如此决绝，一点失落也没有吗？有，确实有。哪一个满怀爱情的女孩不希望给自己深爱的男人留下一个爱情的结晶呢？女孩确实有这样的想法，但是由于这个愿望不能实现，从而对男友心怀芥蒂，以至于心中竟然产生出一种如同陌路的感觉。有趣的是，这种内心的变化，竟然也在梦境中表现得淋漓尽致。

因为在这个梦之后，梦女又做了一个梦。

梦境中的金城武，是梦女的偶像，象征的就是梦女的男友。这个梦境的意思就是，即使男友在自己心中的位置十分重要，但感觉到跟他的一种陌生感。梦境通过自己手中有做不完的事情为借口，有意无意地隔绝跟男友的沟通和接触，表达了一种奇妙的心态。而“一直整理冰盒里的冰块”表达的正是这种心里的温度，表明了梦女对自己作出的决定的一种茫然，一种失落。

4. 幸福的小女人

【梦境三】

昨晚做了一个梦，梦的情节很有趣，而且一个点关联着另外一个点，一直在梦下去。

先是梦到亲爱的你到我家来了。你到我住的房间里，就躺在我的床上乖乖地睡觉。我就坐在旁边静静地看着你的睡脸，看着你盖着温暖的被子，觉得自己好幸福。

这时弟弟回来了，因为房间里是关着灯的，他没有看到你在床上睡觉，和平常一样大声地和我说笑。于是我告诉他你在呢，小声一点。他就有点急了，意思是在说：妈妈等下回来了，你怎么办？但我丝毫没有觉得紧张。

这时梦境就换了一个地方，变成了在茶室的外面，弟弟也换了一身新衣给我看。我看他穿得很帅，戴着棒球帽，白色的T恤，虽然牛仔裤是八零年代的款式，皮带也是你平时穿西裤时用的那种比较正式的黑色皮带，但是我依然觉得他好帅。我在内心里暗暗地夸奖他，好潮的打扮呀，比现在的中学生还帅呢。

就在这个时候，我看到茶室外面有个客人坐在那里很久了，身穿衬衫，三十几岁，商务人士。见他还没有点单，于是我就过去招呼了。他要了杞枣养颜茶和龙井，还点了一份中式的饭食。我心里想他一个人怎么要点那么多吃的呀，不过，还是去帮他做了。

在给他做杞枣养颜茶的时候，我发现本来白天店里没有的红枣现在又有了，还就放在我眼前最醒目的位置。于是心中暗喜，然后快快地帮他做了，接着给他做中式的饭。去做饭的时候，有一些阻碍，我往前走的时候，发现吧台里多了横梁，我要弯着腰才能走过去。于是我低着身，还是过去了。

我改了店里的饭食的配方，觉得白米饭过于单调，就想把饭给他做得好吃一些，于是加了好几种不知名的调味料。同事这时出现了，觉得我这样做不好，而且客人可能不喜欢，也许会不好吃。之后我尝了一下，那个饭似乎有点味道过重了，我也觉得不太好吃。我就和她在那里说了好久。最后，觉得客人一定等急了，于是，我和同事一起把他点的这些东西都给他送过去了。而客人的反映倒还不错，说蛮好吃的。

接着我又到了一个地方，还是和同事一起，那里有一些可以玩的东西，有小孩子坐的那种动物摇摇车，还有几辆大人坐的黄包车。我过去坐在小孩子的摇摇车上，有个人就提醒我了，说那个不适合我玩了，我可以去坐那个黄包车，还比画着让我看——这个够大的呀，也好玩，你可以坐上去，还可以由一个人拉着另一个人玩呢。而透过黄包车后面的玻璃，我看到亲爱的你在二楼的一个房间里，是你的书房，里面放了好多书，你在里面整理着你的书，我就走上去了。亲爱的你打开门，欢迎我进去，呵呵，我好开心，到你的书房了。我还看到书房里有一张床，心想，呵呵，也许以后我可以睡在你的书房里……

正想得美呢，不料却被一阵敲门声吵醒了。

这个梦境的主题十分明显，就是整个梦境弥散着一种幸福和快乐。梦境试图通过一个又一个特别的情境来表达梦女幸福的小女人这样一种感觉。下面我们来分析。

第一段梦境：

“先是梦到你到我家来了。你到我住的房间里，就躺在我的床上乖乖地睡觉。我就坐在旁边静静地看着你的睡脸，看着你盖着温暖的被子，觉得自己好幸福”——小女人的幸福感不言而喻。

第二段梦境：

“这时弟弟回来了，因为房间里是关着灯的，他没有看到你在床上睡觉，和平常一样大声地和我说笑。于是我告诉他你在呢，小声一点。他就有点急了，意思是在说：妈妈等下回来了，你怎么办？但我丝毫没有觉得紧张。”

这一段不仅继续延伸了上面一段梦境的感觉，更进一步表达了一种疼爱和关怀的心理，担心弟弟说话声音太大吵到自己的男友。即使在弟弟提醒妈妈回来后可能会有问题时，梦女仍然沉浸在自己的这种幸福的感觉之中，并没有任何紧张的感觉出现。

第三段梦境：

“这时梦境就换了一个地方，变成了在茶室的外面，弟弟也换了一身新衣给我看，我看他穿得很帅，戴着棒球帽，白色的T恤，虽然牛仔裤是八零年代的款式，皮带也是你平时穿西裤时用的那种比较正式的黑色皮带，但是我依然觉得他好帅。我在内心里暗暗地夸奖他，好潮的打扮呀，比现在的中学生还帅呢。”

这一段梦境特别有趣，如同文学中的“借物抒情”手法一样，通过对弟弟装扮的称赞，表达的却是内心深处对男友的赞赏和崇拜。即使如此，在梦境中仍然还是给我们传递出了这是针对男友而非弟弟的赞赏——虽然牛仔裤款式老旧，皮带也是男友平时穿西裤时用的那种比较正式的黑色皮带——这些描述都透露出这种心境指向的并非弟弟而是自己的男友。

从这段描述我们还可以看出，梦女对男友的形象是十分赞赏的，没有想到这位在我们眼中十分平凡的朋友在女友眼中却是如此帅气，在女友的梦境中就如同明星（金城武）和时尚的新新人类（80后潮男）一样。看来审美这件事情，与性别和年龄的关系很大——男人眼中的丑男有可能是女人眼中的帅哥，而80后眼中的帅哥在60后看来却是如此平凡。

第四段梦境：

“就在这个时候，我看到茶室外面有个客人坐在那里很久了，身穿衬衫，三十几岁，商务人士。见他还没有点单，于是我就过去招呼了。他要了杞枣养颜茶和龙井，还点了一份中式的饭食。我心里想他一个人怎么要那么多东西呀，不过，还是去帮他做了。”

梦境透露出一个重要信息，那就是他点单的内容——杞枣养颜茶和龙井，以及一份中式的饭食。

这一个点单清单透露出来的是“保养”和“营养”的概念，那么，到底是谁需要保养和补充营养呢？又为什么需要呢？这不仅是我们的疑问，也是梦女的疑问，因为在梦境中梦女觉得很纳闷，为什么要点那么多东西呢？但是这只是一闪而过，接着梦女就着手去准备了。因此，我们可以这样理解，保养和营养也许是梦女想要带给男友的关怀和爱意，但也同样暗喻梦女本身需要补充营养和保养。

为什么呢？我们继续往下看。

第五段梦境：

“在给他做杞枣养颜茶的时候，我发现本来白天店里没有的红枣现在又有了，还就放在我眼前最醒目的位置。于是心中暗喜，然后快快地帮他做了，接着给他做中式的饭。去做饭的时候，有一些阻碍，我往前走的时候，发现吧台里多了横梁，我要弯着腰才能走过去。于是我低着身，还是过去了。我改了店里的饭食的配方，觉得白米饭过于单调，就想把饭给他做得好吃一些，于是加了好几种不知名的调味料。同事这时出现了，觉得我这样做不好，而且客人可能不喜欢，也许会不好吃。之后我尝了一下，那个饭似乎有点味道过重了，我也觉得不太好吃。我就和她在那里说了好久。最后，觉得客人一定等急了，于是我和同事一起把他点的这些东西都给他送过去了。而客人的反映倒还不错，说蛮好吃的。”

这一段梦境表达的是一种幸福小女人的感觉，为自己心爱的人做饭，想要的营养配料像变魔法一样出现在最醒目的位置。为了做出更加营养和美味的饭菜，梦女改变了店里的配方，加了好几种不知名的调味料。但是，在这个过程中，因为太在意饭菜的质量和口味，又有些担心自己做不好，于是梦境中出现一位同事来质疑自己，从而令自己担心做出来的饭菜可能不合自己心爱人的口味。但是，最后的结果还是不错的，因为客人反映还蛮好吃的。这是梦女对自己的自我安慰，表明自己小女人的角色做得还是成功的。

在这一段梦境中，有两个细节，一个是梦女去做饭时有一些障碍，出现了一个横梁，梦女需要低着身子才能过去；另一个是做好饭之后，梦女与同事在一起说话说了很久，似乎忘记要送饭给客人，到最后担心客人等急了才将食物送过去。这两个细节，表明的是梦女内心的犹豫和不确定。吧台里本来没有横梁，但是在这个时候却意外地出现了横梁，这是梦女潜意识的安排，表明了一种自己给自己设置的障碍，说明了对这件事情的不确定。和同事说话忘了送饭菜，也表明了一种心理上的不确定性和犹豫。这表明了梦女对自己幸福的小女人角色并不是那么确定，担心自己不能胜任，不能做出可口的饭菜，不能令自己的男友满意。

最后一段梦境：

“接着我又到了一个地方，还是和同事一起，那里有一些可以玩的东西，有小孩子坐的那种动物摇摇车，还有几辆大人坐的黄包车。我过去坐在小孩子的摇摇车上，有个人就提醒我了，说那个不适合我玩了，我可以去坐那个黄包车，还比画着让我看——这个够大的呀，也好玩，你可以坐上去，还可以由一个人拉着另一个人玩呢。而透过黄包车后面的玻璃，我看到亲爱的你在二楼的一个房间里，是你的书房，里面放了好多书，你在里面整理着你的书，我就走上去了。亲爱的你打开门，欢迎我进去，呵呵，我好开心，到你的书房了。我还看到书房里有一张床，心想，呵呵，也许以后我可以睡在你的书房里……”

这一段梦境同样要表达的是一种幸福小女人的感觉，梦女觉得自己就像一个被宠爱的小孩子一样，沉浸在自己的一种幸福感之中。但是，梦女又同时提醒自己，不能纯粹地把自己当成小孩子了，自己已经是大人了，需要成长和承担。因此，梦女憧憬的是一种超越感性而更加理性的幸福感。这时候，梦女梦到了自己的男友在书房内整理书，梦女走过去，受到男友的欢迎。在男友的书房中，梦女还发现有一张床，于是，梦女憧憬着可以睡在男友的书房中，感受那种红袖添香、举案齐眉的幸福感。

这就是整个梦境传递出来的感觉，这是一种无与伦比的、强烈的幸福感。

对于这一系列的梦境，说句实话，如果不是朋友提供的信息，我们很难想象这样一种幸福感出现在什么样的情境下。然而，之前朋友的口述清晰地告诉我们——“特别是当女友告诉他，在手术等待和手术后留院察看的过程中，即使她看到所有的女孩都是在男友陪同下来做的手术，都受到男友无微不至的照顾时，自己心中并没有一丝的脆弱和责怪，而是自始至终充满着坚定的信念和幸福的感觉。因为她觉得自己所作的牺牲是值得的，并没有因为自己而耽搁男友的事业，所以整个过程即使是一个人也觉得男友一直陪在她的身边，从而一直洋溢着幸福的感觉，没有一丝的恐惧和害怕”。

看了这段话，我相信各位已经很清楚了，这个梦，应该就是梦女在经历了怀孕初期的喜悦（“起名字”），到决定去堕胎时经历了痛苦的道德焦虑（“谋杀”），在做完手术之后的一种情感上的升华，一种为自己心爱的男人付出一切的幸福小女人心态的充分展示。这种精神的力量如此巨大，以至于我们基本上在梦境中看不到任何的痛苦感和怨恨之情，有的只是幸福的感觉。

因此，我们有足够的理由相信，这个梦正是在人流手术之后所做的梦，而且，正是由于这种精神支柱和信念，引导梦女从容勇敢地独自去面对和经历这件对于每个女人来说可以称得上是终身大事的事情。并且在事后的梦境中我们也同样看到这种精神力量完全是源自于内心深处，不是一种理性的坚定，而是一种完全源自于内心的情感力量——一种信念，甚至可以说是一种信仰。

拥有这样的信念和信仰的人，是最幸福的。从这个角度来说，我的这位朋友真的很令人羡慕。

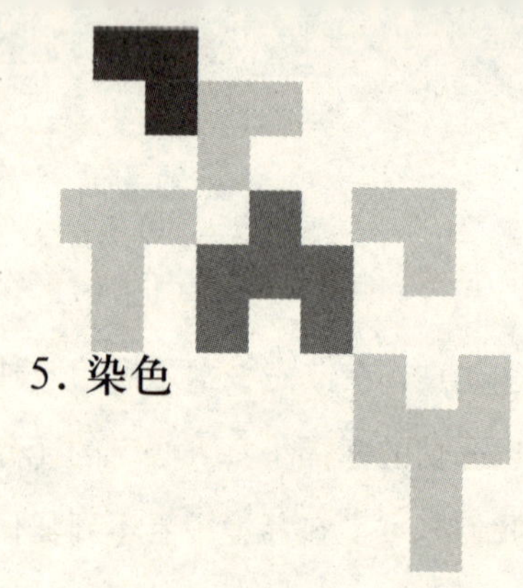

5. 染色

【梦境四】

大前天的晚上我又做了一个梦，梦到弟弟带着一个受伤的小狗回家了。我看那小狗好可怜，小小的脑袋，就在弟弟的手心里。弟弟带它去看了医生，它的下巴还被涂上了紫药水。我觉得小狗狗好可怜，就接过小狗狗想来照顾它。可当我发现它想便便时，就不知所措了，于是叫弟弟过来。然后，弟弟就接过狗狗抱它去便便了。我跳到门口，躲在那儿悄悄地往里看，还看到狗狗拉了两堆黑黑的便便，觉得有点臭臭的，就一直没敢进去。还想，应该给狗狗用尿布湿呀……

这个梦到此就结束了。然后又做了一个梦，不过有点SS（色色）的——我梦到了亲爱的你，梦到你在吻我呢，感觉到亲爱的你好温柔、好温柔……好美、好美的梦呵！

“接着又梦到亲爱的你来我家了，和我在阳台上聊天，一直聊到凌晨两点多。但是妈妈似乎发现你来我家了，但之前她并没有指出来，而是在装睡。可是你刚走不久，我就听到妈妈在和爸爸说发现你来我家的事情，说这个人怎么可以到凌晨两点多还不走呢，这不合适呀，得好好地说说我之类的话。我听着心里蛮紧张的……对了，你在的时候，表姐来找我玩，而我却极力地拖住表姐不许她到阳台上来，想左右她的注意力，让她看不到你。表姐像是被我转移了注意力，所以并没有看到你。

可是接下来的事情，让我有些小吃醋，我看到喜欢你的那个女孩也到阳台上来了，她染了金黄金黄的头发，更加吸引了你的注意力。亲爱的，你在很爱怜地抚摸着她的头发，她自己也在嘟嘟囔囔着说，没有想到染头发染得色彩太淡了，变成这样的黄了。你也表现出好疼惜的样子，就那样一缕缕地摸着她的头发……我看着看着，慢慢地心里没有那么吃醋了，似乎是在告诉自己不要吃醋。这时心里还想，也许爸爸妈妈看到你这么疼惜她，应该就不会怀疑我了吧?

呵呵，大概这就是全部的情节了。

这一段梦境表达的是什么样的内心世界呢？我们来看。

第一段梦境：

“梦到弟弟带着一个受伤的小狗回家了。我看那小狗好可怜，小小的脑袋，就在弟弟的手心里。弟弟带它去看了医生，它的下巴还被涂上了紫药水。我觉得小狗狗好可怜，就接过小狗狗想来照顾它。可当我发现它想便便时，就不知所措了，于是叫弟弟过来。然后，弟弟就接过狗狗抱它去便便了。我跳到门口，躲在那儿还悄悄地往里看，还看到狗狗拉了两堆黑黑的便便，觉得有点臭臭的，就一直没敢进去。还想，应该给狗狗用尿布湿呀……”

在这里，受伤的小狗是暗喻梦女自己，因为她刚做完人流手术，可以理解为一种受伤，还有一种自怜的情节。这很正常，对于一个女孩来说，自己遭受了痛苦当然会有自怜的情节。弟弟带着小狗去看医生，小狗的下巴还被涂上了紫药水，这些都是梦女在医院经历的一种镜像折射。

接下来是梦女觉得小狗很可怜，想照顾它。这其实还是一种自怜的心态，希望自己受到照顾。因为梦女做完手术之后，无论是心理还是身体都很脆弱，希望得到照顾是情理之中的事情。但是，这时候有情况发生，小狗要便便了，梦女不知所措。这一段梦境可以理解为在做完手术之后，梦女对自己的生活起居有点不知所措，不知道如何处理排泄和伤口的关系，担心自己的排泄会影响到伤口，其实也是特别渴望照顾。

这种潜意识的存在，我觉得可能源于一种中国妇女的集体无意识，也就是中华传统文化中的坐月子习俗。我觉得这个梦境反映出梦女对人流手术后如何处理与排泄有关的事情有点困惑和拿不准，于是，在潜意识中就与坐月子作比照，担心如果不能像坐月子那样照顾好自己的身体，可能会对自己的身体有伤害。小狗拉的黑黑臭臭的便便，就是梦女对自己受伤身体的一种担忧；躲在门口悄悄地往里看，是一种好奇；不敢进去，是一种害怕和担忧；而最后觉得小狗应该用尿布湿，是对自己做完手术之后是否要用尿布湿的一种不确定性。

总之，这一段反映的是手术之后梦女对自己身体的担忧，以及由于受到传统文化坐月子习俗的影响从而对这件事情所产生的心理担忧。

第二段梦境：

“这个梦到此就结束了。然后又做了一个梦，不过有点SS（色色）的——我梦到了亲爱的你，梦到你在吻我呢，感觉到你好温柔、好温柔……好美、好美的梦呵！”

我们的梦女有一种神奇的能力，就是在害怕和恐惧的时候，总是能让自己摆脱出来。摆脱的方式就是——男友的爱。男友的爱是梦女强烈的精神支柱，是梦女战胜一切困难和恐惧的灵丹妙药。因此，在手术后梦女感觉到有点忧虑时，潜意识就会阻止这种情绪的蔓延，马上转换场景，让梦女回到稳定和宁静的心态。这是一种心理的自我防御和保护机制，采取这种转移的方式，可以让梦女免受恐惧和担忧的困扰。

第三段梦境：

“接着又梦到亲爱的你来我家了，和我在阳台上聊天，一直聊到凌晨两点多。但是妈妈似乎发现你来我家了，但之前她并没有指出来，而是在装睡。可是你刚走不久，我就听到妈妈在和爸爸说发现你来我家的事情，说这个人怎么可以到凌晨两点多还不走呢，这不合适呀，得好好地说说我之类的话。我听着心里蛮紧张的……对了，你在的时候，表姐来找我玩，而我却极力地拖住表姐不许她到阳台上来，想左右她的注意力，让她看不到你。后来，表姐像是被我转移了注意力，所以并没有看到你。”

这一段是什么意思呢？总体而言，这一段表达的是一种担忧，一种害怕被发现的担忧。从这个梦境我们可以看出来，梦女这一次的行为并没有让家里人知道。也许是出于不想让家人担心，也许是出于其他原因，总之我们从梦境中看到的一点就是，梦女担心这件事情被家人发现，于是拼命地掩饰和转移他们的注意力。梦境发展到这里，梦女的担忧就由对自己身体的自怜性担忧转移到害怕被家人发现的担忧，从生理担忧转移到心理担忧上来了。

第四段梦境：

“可是接下来的事情，让我有些小吃醋，我看到喜欢你的那个女孩也到阳台上来了，她染了金黄金黄的头发，更加吸引了你的注意力。亲爱的，你在很爱怜地抚摸着她的头发，她自己也在嘟嘟囔囔着说，没有想到染头发染得色彩太淡了，变成这样的黄了。你也表现出好疼惜的样子，就那样一缕缕地摸着她的头发……我看着看着，慢慢地心里没有那么吃醋了，似乎是在告诉自己不要吃醋。这时心里还想，也许爸爸妈妈看到你这么疼惜她，应该就不会怀疑我了吧？”

这一段表达的是梦女渴望男友的爱。根据朋友的叙述，此时他并不知道女友已经做完人流手术，因此也不会特别细心地去关注女友的心理变化。但是对于梦女来说，这一段时间正是她身心最脆弱，最需要关怀，也是内心最敏感的时候。此时，任何细小的刺激都有可能被梦女放大，并且放大到性质很严重的程度。这是可以理解的，因为为了不影响男友的工作，梦女并没有把人流手术的事情告诉他，而为男友牺牲那么多，当然渴望获得男友更多的爱。但问题的关键是，男友此时并不知道已经发生了这么多的事情，可能还在沿用正常的方式对待女友，也不排除告诉女友一些喜欢他的女孩子的事情。这可能会对梦女产生困扰，从而刺激她产生了这样的梦境。

其实，这个梦境的关键还在于“染色”，染色意味着改变——渴望男友超过平常的爱，在梦境中就演绎成男友对其他女孩子的爱惜；而染色也意味着掩饰，因为最后梦女告诉自己不要吃醋时，用的理由正是——“爸爸妈妈看到你这么疼惜她，应该就不会怀疑我了吧？”这正是“掩饰”的主题。

因此，这个梦总体而言，就是一个掩饰的梦，表达了术后梦女的心理状态——既担心是否对身体有损伤，又担心事情败露，被家人发现。因此，一方面对如何处理术后的生活起居感到担忧和困惑，另一方面又要拼命转移家人的注意力，对被家人发现的疑点进行掩饰。当然，这一梦境还表达了梦女对男友爱的渴望，希望在这个特殊的时期获得男友更多的爱。但是在男友并不知情的情况下，梦女的这种渴望估计是落空的，因此，在梦境中通过吃醋来表达一种失落的情绪。

后记：

这个系列就是朋友的女友梦境日记的全部内容。由于不能与他的女友进行直接的沟通和对话，我只能通过朋友作为桥梁来对梦境进行分析，并且只是通过朋友的叙述来了解一些相应的背景资料。

当所有的梦分析完之后，我长长地嘘了一口气，为他们之间纯美的爱情所感叹。我相信我的解梦一定较准确地反映了他们之间的真实爱情，也较真实地反映了朋友女友纯洁而善良的心灵。

我把解梦作品发给了朋友，并从他那里得到了其女友对解梦分析的肯定。他还告诉我，这个系列的解梦作品将成为他一生最珍贵的礼物，因为这可以让他不会迷失人性的方向——不仅在爱情中，还在生活中。

四 十字路口

——无处可逃的人生困惑

一位温和善良的32岁女孩，硕士毕业，爱瑜伽，爱写字，也爱为他人着想。她学的是医学，做过健康顾问、瑜伽教练和文案策划，爱看《非诚勿扰》，喜欢《非诚勿扰》的主持人孟非和乐嘉，也喜欢郭德纲。

平时爱看影视剧，喜欢《夏娃的诱惑》里的学长尹享哲、《肖申克的救赎》里的安迪、《反恐24小时》里的杰克·鲍尔和《东京爱情故事》里的赤名莉香。她一直希望自己能像莉香那样坚强，也一直希望自己的男朋友像尹享哲一样，或者有个这样的男性学长也很好。喜欢安迪的不放弃希望，喜欢杰克·鲍尔的无所不能、能被人依靠。

信佛，喜欢看书。喜欢中医类和台湾身心灵一类的书。最喜欢的是苏菲亚·布朗的《灵魂之旅》，因为喜欢探索灵魂，喜欢天使。

然而，就是这样一个女孩，却面临着生活的一些困境——家族冲突、事业迷惘、婚姻哀怨、人生抉择。她苦苦挣扎，却感觉到自己的柔弱和无力，总是感到一种内心深处的深度绝望和无助的情绪。

1. 家族冲突

这是梦女于2011年9月6日所做的一个梦，梦境如下：

我穿着毛裤去洗澡。环境像是在学校的人行道上，我端着盆子，穿着厚毛裤，有人向我投来异样的目光，我才意识到自己穿着厚毛裤出来了，我心里想着咋穿着厚毛裤就出来了呢？但是为了面子，我还是昂首挺胸地走过去。

来到了一个屋子，那个屋子非常小，奇怪的是，根本也不是澡堂子，是一个堆满了破家具的小屋。身后凌乱地堆着带灰尘的木头椅子之类的东西。我进去，门还是坏的，关不上，空间小得我也不能转身。我还是脱光了所有的衣服，在那里待着，假装我在洗澡。我从门缝里能看到有人经过，还有人好奇地从门缝里看我，我还是站在那里，抬头平视，假装我在洗澡（当时的心理状态是因为你们知道我是洗澡的，所以我必须完成洗澡这个动作，不能被你们笑话）。

醒来后，回忆这个梦，很清晰的现实感觉就是那种打肿脸充胖子的死要面子。但是梦里的我好像对这个要面子并没有什么不耻，很平静的情绪，只是意识到自己穿着毛裤出来时有一丝诧异。

而梦中的厚毛裤是我现实中有的毛裤，是妈妈买给我的，很厚实，我通常是在自己家里，天气很冷的时候穿着，外边也不套裤子。做梦的时间应该是9月7日凌晨以后了，因为6号晚上接到了大姐电话，说我堂妹在QQ上骂她，然后整个晚上我都在跟大姐说这一事情，一直弄到快1点了才睡。

这是一个什么样的梦呢？我们看到，梦女对这个梦有一个自我认识，认为整个的感觉“就是那种打肿脸充胖子的死要面子”。应该说，梦女的这种自我感觉是基本正确的。然而，又有什么事情需要“死要面子”呢?这一定是一件令梦女觉得很羞愧，很让自己掉面子的事情。那么，是一件什么样的事情呢？我们来看梦女的自述。

最近发生的事情是这样的：爷爷有三个儿子及两个姑娘，我爸是长子。1990 年，我们家搬到了黑龙江，爷爷奶奶因为身体都好，有自己的房子，而且他们也不愿意离开故土，所以就还在吉林老家。近十一年来，爷爷归三叔扶养。三婶是一个很势利、很爱财的人，对爷爷奶奶非常不好。三婶有个姑娘叫敏敏，已经嫁人，是个护士。

爷爷一直有肺气肿，后来还得了痴呆，每次生病，爸爸和大姐都得赶回去伺候，想让爷爷住院治疗，三婶不让，就让在家里，敏敏拿回药来给他输液。反复生病几次之后，三婶不治了，说给爷爷算命了，很快就要死了，这是去年的事情。结果，爸爸给老爷子治疗，一直活到今年 8 月。三叔三婶和爸爸的恩怨可能就是在爷爷生病的时候一点点地累积起来了，因为三婶看到爸爸妈妈对爷爷奶奶的照顾，就说他们在显孝心，敏敏也对我爸妈态度特别不好，指桑骂槐的。

后来爷爷过世了，爸妈和大姐回去奔丧。不知道因为啥，三婶就开骂了，三叔也开骂让爸妈滚，可能是怕爸妈争遗产吧。其实，我爸妈真的是特别善良的人，根本不会想着争遗产，因为老人是在三叔这里的，奶奶还活着，自然什么都归三叔所有。但是，他们就数落爸妈的不是，列了很多罪名，然后把爸妈和奶奶赶出来了，爸妈就带着奶奶回到我们自己的家。

大姐气不过三叔三婶那样对待爸妈，所以就在 QQ 上给三叔发消息，逐条地澄清三叔扣给爸妈的罪名，她把这些话给我看过，里边有些话是那种不带脏字但是读来很噎人的话。

我劝大姐别这样了，这样对谁都不好。果然，三叔通过 QQ 又来骂大姐，后来两边都把彼此拉黑了，就收不到这样的信息了。

我在北京，最初听到爷爷过世及以后的这些事情，我很难过，还有些痛恨我爸。我爸对我妈一点都不好，因为我妈生了五个姑娘，我爷爷重男轻女的思想很严重，所以我爷爷奶奶对我妈也不好，我妈因此很自卑，也心存抱怨。而且，我爸年轻的时候还有了外遇，不知道是结婚前还是结婚后的事，和那个人生有一子。我爸挺有才的，是个老中医，厨艺啊、计算啊、绘画啊、写字啊什么的都很出色，他爱看书，他医书的扉页上都签的是他那个儿子的名字。

我有些恨我爸是因为我觉得他无能，不能处理好和兄弟的事情，才让我妈受连累，跟着他被三叔三婶还有敏敏欺负。现在还得我妈伺候我奶奶，我奶奶是个大烟筒，整天抽烟。而我爸每天都下工地去工作，什么都得我妈弄。我觉得我爸不承担责任，但是恨也没有用，我也不能对我爸表达恨。我只能每天都念佛，希望他们都能了解此事，让活着的人都活得痛快点。

我以为事情就此了结了。

结果，昨晚上大姐打来电话，说敏敏，就是我三叔三婶的女儿，通过加 QQ 好友的方式，在加好友理由那里写骂我大姐的话。大姐念给我听，那才叫真骂人，都是我们说不出口的话，这让大姐觉得很窝囊、很气愤。她不能和爸妈说，只能和我们说。敏敏还扬言，要把这一切都发到大姐医院的网站上。大姐是一个医院的副院长，听到这样的话，她有些胆怯了，她害怕损害她的名誉。虽然她没有和我明着说，但是她在电话那头的语气和咒骂敏敏他们，我听出来了她的无奈和胆怯。

大姐告诉了二姐，昨天晚上我们三个在 QQ 上聊这件事，我劝她们别再骂了，不要两败俱伤。二姐是个好强的人，说不骂她，她就在我们头上拉屎。二姐不听我劝，倒是大姐害怕真的发到医院网站上而说了停止的话。但是她很恐惧，虽然不在 QQ 上骂对方，但是嘴巴里一刻不停地咒骂，我心里很悲凉。

这件事情，让我看到了我们一家人啊，是多么弱势。我不仅看到了大姐的恐惧，还有因为没有好办法解决而不停地咒骂，甚至看到了二姐因为不公平而要找敏敏的公公、医院等投诉。我觉得这都不是解决的办法，我也不希望大家在这件事情上浪费情绪和时间，没有意义。我劝大姐和二姐放下吧，原谅吧，别理了，以静制动吧，去好好照顾自己的家庭和孩子多好啊。大姐、二姐的婚姻都不幸福……

我和她们说了很多很多，我只能念佛回向。还有最近在做心灵感应，我经常跟敏敏、三叔三婶和大姐二姐进行心灵对话，希望事情就这样平息吧。昨晚上睡前我也进行了心灵对话，所以就做了那个梦。

这就是梦女所提供的信息。在我们看来，这个大家族发生了如此大的矛盾和冲突，然而在梦境中并没有出现激烈的争斗和伤害事件，而只是一个平静得让人难以置信的梦境。这充分表露出了梦女的性格特点：温和、内敛、善良，她不愿意与人发生冲突，更不善于责备与推卸。估计她最常做的就是自责，将所有的错误都揽到自己身上，由自己来背负所有的罪责，以让自己的心灵得到安宁。

下面我们来看，这样的初步判断是否正确。

首先，梦的主题是去洗澡，洗澡代表什么呢？有两种含义：第一个含义是洗去自己身上的污秽之物，还自己清洁；第二个含义是划清界限，远离某些事情，因为裸体即是营造自我的空间。梦女会梦到自己去洗澡，正是因为家族矛盾的困扰，希望自己能够摆脱这一切，隔离这一切，让所有的污秽不要沾染到自己身上来，或者说尽快将之洗去。

其次，在梦境中，梦女是穿着毛裤去洗澡的，这又暗示了什么呢？这里暗示的是一种掩盖的心态，因为毛裤是很厚的，不仅可以掩盖住，还让梦女有一种安全感。而且，这还是妈妈织的毛裤，所以更有安全感。

梦境的第一段还表达了这样一种含义："有人向我投来异样的目光……但是为了面子，我还是昂首挺胸地走过去。"这一含义充分表达了梦境的主题，是因为家族矛盾和冲突引起了梦女内心的羞耻感。一方面，觉得家丑不可外扬，如果被人知道了，该是多么丢脸的一件事情啊，所以要穿厚厚的毛裤来掩盖。另一方面，梦女又怕这种辱骂和冲突沾染到自己身上来，希望远离这一切，与家族内部的这些矛盾冲突隔离，因此，才有洗澡的梦境出现以实现自己的这一愿望，保持自己的清白。

梦境的第二段，梦女"来到了一个屋子，那个屋子非常小，奇怪的是，根本也不是澡堂子，是一个堆满了破家具的小屋。身后凌乱地堆着带灰尘的木头椅子之类的东西"。在这里，带着灰尘的椅子和堆满破家具的小屋，正是这一家族现状的描述，是一个充满了混乱和陈腐之气的地方。屋子非常小，表明家族内部的空间非常小，人与人之间就像挤在一起一样，发生着种种矛盾。因此，这"根本不是澡堂子"喻示着其实在这里要想洁身自好基本上是没有可能的。

接下来"我进去，门还是坏的，关不上，空间小得我也不能转身。我还是脱光了所有的衣服，在那里待着，假装我在洗澡"。在这里，门是坏的，关不上，表明家族内的矛盾似乎难以掩盖住，无论梦女想做什么努力都是做不到的，逼仄的空间让梦女喘不过气来。但是，即使知道自己无能为力，梦女还是希望自己能够洁身自好，念佛祈祷，希望通过自己的这种努力平息这场风波。

梦境的最后"我从门缝里能看到有人经过，还有人好奇地从门缝里看我，我还是站在那里，抬头平视，假装我在洗澡"。梦女描述了做一段梦时的心理状态：当时的心理状态是因为你们知道我是洗澡的，所以我必须完成洗澡这个动作，不能被你们笑话。这其实表达的还是一种羞耻感，梦女担心家丑外扬，即使自己脱光了衣服被别人窥视，但是却仍然强作镇定，以掩饰自己内心的恐慌。

这就是这个梦境的主题，一个因家族矛盾和冲突引发的梦境。整个梦境表达了梦女内心对这件事情的看法（羞耻感）和自我所做的努力（掩盖、洗清）。

那么，我们要给梦女什么样的建议呢？其实我希望梦女能够正视家族矛盾和冲突，不要认为有了矛盾和冲突就是一件令人觉得羞耻的事情。希望息事宁人的想法是对的，但是，面对问题时也不要害怕，怨天尤人和把责任往自己身上揽都是不正确的。正确的态度是，从善意出发去解决问题，但是如果解决不了，也不用过于担心，因为很多事情都是一个时间的问题，到了某一个时间，所有的结都会被解开，一切都将烟消云散。

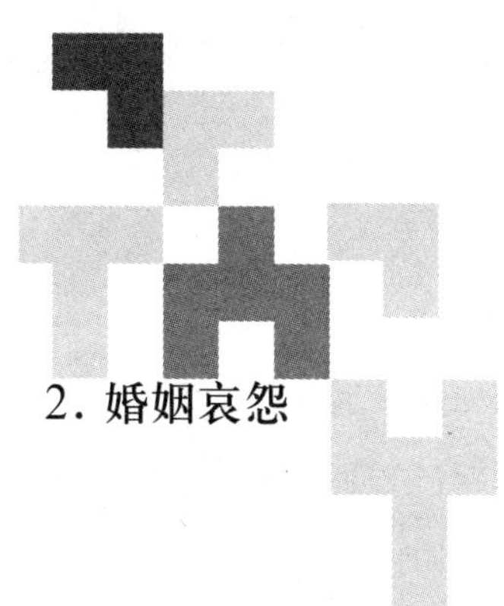

2. 婚姻哀怨

第二天，梦女又做了一个梦，梦境如下：

梦到了离别。我送别我的领导，她伸出手，我拉钩，说一定要保重啊，然后我就往前走了。这时候，我看到从我的左侧走过来一头老牛，眼泪哗哗淌的老牛向我走来，好像对我很不舍。我本来挺伤感的，但是看到老牛那样流泪，我有点慌张地对着它摆手说没事没事（我平时的性格是一点都不希望别人为了我难过啊什么的，所以平时总是掩饰自己的情绪，看起来有点稀里马虎的、挺开心的一种人。所以看到老牛流泪我感到很慌张）。

这个梦是凌晨以前做的，因为00∶28的时候，我醒来了。梦中的领导是现在公司的总裁，以前就是我的领导。现在她辞职了，昨天白天我送她到火车站。她是属牛的。送她到火车站的路上，我们都聊工作啥的挺愉快的。在快到车站的时候，她问我老公怎么样，这个激起了我的烦恼，因为我和老公现在处在冷战中，彼此回家都不说话。我和他冷战一方面是因为家里事我很烦，总在想怎么解决；另一方面是我觉得他对我忽视，他什么也不干，回家就看电影到半夜，反而我要给他弄饭吃。

领导问到我这个问题，我就简单说了我的烦恼，然后流泪了，因为我觉得我们家女人都好不幸。妈妈嫁给爸爸，家里有什么事情发生，爸爸不能解决，妈妈只能靠她自己和我们几个女儿。大姐和二姐嫁的老公也一样，有事情都不能依靠。如今我也是，有什么事情都是我自己承担，他不能帮一点忙。想到这个，我就哭了。

我领导看在眼里，也挺替我难过，但她是个很懂人情世故的女子，她假装没看到我哭，只是安慰我，然后替我老公说了一些好话。

然后我又继续睡觉了，接着又做了一个梦：这是一个家庭的战争，很多人的混战。我和妹妹被追杀，我就赶紧带着她从卧室的窗户逃走，我让她先翻过去。卧室翻过去是厨房，然后还得从厨房的窗户上翻到外边去，可是，我让妹妹去关厨房的门。于是妹妹就下到了地上，拽着厨房的门把手使劲关，那些人已经快进厨房了。我叫妹妹别关了，赶紧上来，可是，妹妹还是用劲关，一下子把门把手拽掉了，自己差点摔倒。这时候我已经翻到了厨房的窗户上，我一直赶紧叫她快点过来，我好拉她上来。妹妹带着哭腔跑过来，我赶紧拉着她的手，一下子都翻到了外边。

本来对妹妹的个头没有感觉的，当她跑过来我拉着她的手时，感觉她是一个很小的小孩。我们翻到了窗外，那些人已经快追到了，我看到旁边有个栅栏，栅栏外边有个洞，刚好可以够小孩隐藏。于是我就顺着洞把妹妹抛出去了，让她藏好千万别出来，然后我就自己逃跑。

整个梦的节奏很紧张，我的情绪就是在让妹妹赶紧过来时显得很焦急，其他时候都是在处理当时的事情，很专注的，情绪没有啥波动，梦境也没有什么色彩。

回顾白天的情绪，似乎挺平静的，照常起床，工作。不过临睡前又和老公吵架了，所以当晚我们是分房而睡。我不敢一个人睡觉，整个晚上都开着灯，所以后面那个梦做得时断时续，总是看到屋顶的灯光，也不知道是在梦里还是醒着。梦的主题只有一个，就是吵架，被追杀。昨晚上想了挺久的，要离开这个房子，因为房费等都是老公出的，我想自己去租个小空间。

对老公的不满已经积累很久了，前两天家族矛盾冲突，我觉得我好无力，于是就去问老公该咋整。老公因为对整件事情不了解，所以就问我一些问题，我觉得特别烦，想想他也不会给出什么好办法，于是就说：算了，你也帮不了我，然后就走了。那个时刻我对老公有一丝怨恨，因为他对家里的事情一点都不关心，就算是油瓶子倒了都不会扶，每天下班回家就看电影或者娱乐节目。昨天晚上我回家较晚，他让我给他带夜宵回来，他就猛吃，而且和我在一起后，他体重增加了不少。当时我就觉得我和他在一起，他除了挣钱外，啥都给不了我，反倒我像保姆似的伺候他，把他伺候得像白痴一样。

我们来看，这一晚上做的两个梦，又有什么样的寓意呢？

第一个梦很简单，是因现实生活中的真实离别所导致的梦境。梦女的领导辞职了，梦女去送她，在路上两个女人聊起女人之间的话题，这令梦女很伤感，说到了自己跟老公之间目前存在的问题。因为梦女的性格是一点都不希望别人为了自己难过啊什么的，所以平时总是装出大大咧咧很快乐的样子以掩饰自己的情绪。而当天梦女忍不住将自己的苦闷告诉了领导，也得到了领导的同情，但是，梦女的潜意识又觉得这样很不好，因为这会让领导为自己担忧，可梦女偏偏是不希望被人担忧的那种人。因为领导是属牛的，所以梦境中就以老牛来代替领导，老牛流泪哗哗淌，表达的就是领导对自己的同情，而梦女不习惯这样的同情。于是在梦境中对着它摆手说没事没事。

这个梦充分展现了梦女善良的一面，不愿意麻烦别人，不愿意让人担心自己。梦女也许认为这是懦弱的表现，其实不然，适当地袒露自己的心声，适当地与人沟通自己的苦闷，看一看别人的生活，从亲人和朋友处获得一些支持和安慰，可以帮助自己更好地面对问题和困难，可以得到更好的解决方案。

在这个梦之后，梦女又做了另一个梦，它是一个关于逃离的梦。

梦里梦女面临着一个家庭战争，有很多人在混战，梦女和妹妹被追杀，于是赶紧带着妹妹逃离。逃离的过程是先从卧室翻到厨房，然后再从厨房翻到外边，最后梦女将妹妹藏在一个洞中。

做这个梦的背景是梦女与老公吵架之后分房而睡，在此期间梦女想到过要离开这个房子，出去租个小空间。在这里，卧室代表什么？代表的是夫妻之间的情分，是夫妻感情。梦女要逃离卧室，表达的是要逃离夫妻感情之间的冷淡，说明梦女夫妻之间已经出现了严重的感情问题，所以梦女要逃离。

厨房又代表什么？代表家务事。因为梦女感觉到所有的家务事都是由自己来承担，老公每天回来只知道看电影和娱乐节目，油瓶子倒了都不会扶一下，对家里的事情不闻不问，而梦女却像保姆一样伺候他。因此，逃离厨房也意味着梦女想逃离这些毫无意义和价值的家务事，想从中解脱出来。

至于家庭战争中的激烈场面，都源于梦女与老公吵架。一般而言，吵架之后的梦都带有一定的冲突和血腥暴力，梦女的这个梦算是最温柔的了，并没有很严重的暴力场面。而冲突的梦则有利于梦女将吵架时的怨气发泄出来。

我估计大家最纳闷的会是，为什么梦境中出现了妹妹？为什么梦女要带着妹妹一起逃离？在背景中又没有任何关于妹妹的交代，这个梦怎么就扯到妹妹那里去了呢？

其实，梦境中的妹妹就是梦女自己。在梦境中妹妹是一个小孩，这是梦女觉得自己很弱小，需要保护，觉得只有逃离才能够保护好自己。因此，梦境在这里分裂出两种人格，一个是强大一点的自己，这个自己觉得应该逃离这个地方；另一个是柔弱的自己，是需要保护的自己。因为梦女孤立无援，不愿意向人倾吐自己的苦闷，因此也就无法得到外援，只能让强大的自己带着柔弱的自己逃跑，逃离所有这个令自己觉得不如意的婚姻，哪怕是先找一个地方“藏”起来也好。

对此，我们要给梦女的建议是，对于婚姻而言，埋怨和逃离都不是解决问题的方法。两个人能够走到一起本来就需要很深的缘分，不要被枯燥重复的家庭生活磨去了你们的情感。你们需要做的是沟通和交流，是互助和互爱，是用心去感化另一颗心，而不是一遇到问题就想到逃离。即使是已经无法挽回的婚姻，要分手也不应该是感性的冲动，更不应该带着一种怨恨的心理，而应该是一种理性的决定，应该是一种怀着为对方无限祝福的心理所作出的决定。

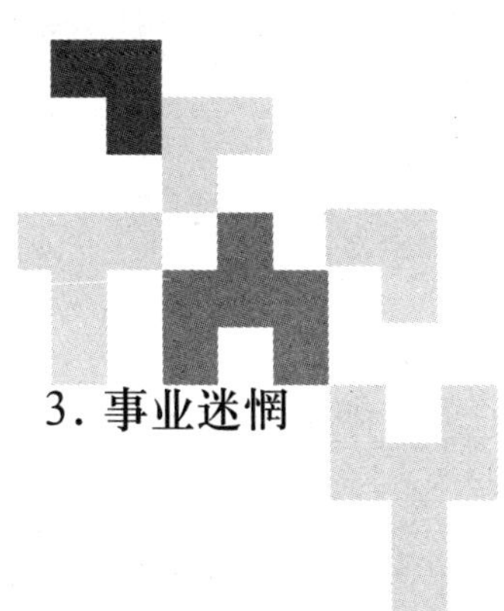

3. 事业迷惘

第三天，梦女再次给我发来了邮件，讲述了她的第三个梦：

今天睡得挺早的，运动之后，就迷糊地睡着了，因为害怕一个人睡，所以我放着阿弥陀佛的音乐。声音在寂静的夜晚听起来是比较大的，因为有阿弥陀佛，所以我就敢关灯睡了。整个梦境都在以阿弥陀佛音乐的节奏进行着，做了好几个梦，最清晰的是这个。

梦到水，泥塘。

师姐开车带我和另外一个女生去玩，我坐在后排座上，好像是闭着眼睛在享受坐车吧。等我睁开眼睛的时候，发现师姐开车带我们去看大坝，而且，车已经快速地滑下了一条泥道（顺着这条泥道就会到江水中了），车有点不受师姐控制的意思，我看得很清楚前面是黑色的浓浓的泥巴。车子还在继续滑行，我看到另外一个女生代替师姐开车，车有点控制住了，但还是在向水里开。水已经没过车窗了，这时候，我突然发现，我在车子外边了，漂在车顶上，车子的后箱盖还有两侧的车门都已经裂开了。我的手抓着车子上边的一个杠子，车还在东冲西撞地想开出水里，但是这个水好像是在施工一样，有很多白电线。水冲劲很大，我感觉我快被冲下来了，因为我不会游泳，所以我把整个胳膊伸进那个杠子挎住。我心里想，无论如何我也不会放手，与此同时我还扯开那些白电线。然后车子上了一个台阶，又上了一个台阶，最后终于上来了，脱离了泥塘。在要上最后一个台阶的时候，车子停了，因为左侧车门那里夹了一根白电线，要摘下来。这个时候我发现车子后半部分是红色的。

关于梦境以及梦境背后的详细信息是这样的——

梦境中刚开始好像是要去看江水，但是后来梦给出的场景分明是泥塘。

就是那种大路　——往下走是一段平路　，再往下通过一些台阶到水里的那种小的水塘。

梦里出现了三种颜色，第一种是黑黑的泥巴，第二个是水塘里的白电线，第三个是车后部鲜艳的红色。

我的情绪，没有什么波动，一开始好像挺享受坐车的，后来遇险也只是想我一定不松手，但是没有紧张、焦虑等情绪。关于坐车，和现实有关，我非常喜欢坐车，因为曾经有一段恋情，每个月都有一两次需要我们一起开车出差。在高速上开车特别舒服，人少，风景也美，我会很放松。而且，在《肖申克的救赎》里，结尾安迪开着车在那么宽敞的一条大道上，那种自由、宽敞是我特别梦想的事情。所以，每次坐车我都会很舒服，同时心生感慨，总会想起当年在高速上飞驰的那种感觉。所以，梦里一开始说师姐开车来接我们去玩，我就很享受地坐在后排座上，也不管去哪里。

梦里的师姐，就是我现实中的师姐，她在大学里比我高一届，我们的关系特别好，曾经一起熬过苦难的大学生涯。我们都属于特困生，所以认识了，只是她现在工作特别好，也嫁了个好男人，在上海也买了房子，现在马上要生孩子了。她生活的前段虽然也充满了坎坷，但是从她工作后就走上了正轨，买房—结婚—生子，一切都挺顺利。而我，前段充满坎坷，现在依然是漂着。

梦里另外一个女生，不知道是谁，但梦安排的意思是，她比我和师姐都要强势，很厉害的女人，当遇突发事件时她会顶上的那种。

我天性懦弱，很不喜欢冲突，小时候特别爱哭，长大了遇到困难就退，比如，昨天去办保险，官方人员很横，我就不知道该说啥了。我回来把这件事和同事莹莹说了，莹莹说下次你带我去，我骂她。莹莹是那种很好强的女子，很善于思考，如果是因为父母从小离婚导致她这样的性格，如果她不强势就没人能帮她。我很希望自己也能拥有像她那样的性格，无论发生什么事情都可以理直气壮地去处理。

虽然前两天大姐被骂的事是这段时间的一个明显问题，但是这件事我不太受困扰，让我受困扰的还是妈妈。通过这件事情，更是觉得我们家女人都没有地位和金钱才遭受这样的欺负，所以我就更加想让自己考博以获取社会地位。

最近，最困扰我的事情其实是我个人事业的选择，这好像从2006年研究生毕业就是困扰我的问题。我本科学的是中医，研究生学的基础医学。因为不想当医生，所以毕业后第一年去做了一家叉车公司的助理，第二年做健康管理公司的助理，第三年自己开店做生意，第四年做瑜伽教练，现在第五年就到目前这个健康管理公司做助理。家人尤其是妈妈一直让我考博重新当医生，好有个正当职业。以前我是坚决不服从，可是随着年龄的增长，看到自己的事业确实一塌糊涂，而对未来也很迷茫，所以我决定听从妈妈的话。而且，因为这个问题，妈妈总是说我把她气死了，从孝顺的角度来说，我也不想做个不孝的女儿，所以我一直很纠结。现阶段我的一个现实问题就是是否看考博书，每天我都在逃避不去看考博的书籍，实际上内心是很慌张的，因为时间过得很快，明年3月就要考试了，而我还没有看书呢。

此外，我想去趟束河，这是很久以来的愿望，但总是因为想省钱没去成。去云南束河，冥冥中我觉得会影响到我未来的职业方向，也会决定着我是否真正下决心看书考博，或许也会影响到我的生活态度。还有因为是一个人去，应该也会锻炼我的勇气，回来后，应该就不会害怕一个人睡觉了。计划时间是9月中旬，月底回来。

我想去完束河我应该能决定是否考博，感情是否还继续下去。云南之行，应该会让我想明白婚姻。

这是一个对事业选择和人生道路思考的梦境。梦的一开始是师姐开车带着梦女与另一个女生去玩，而梦女坐在后排座上，很惬意地闭上眼睛享受着。在这里，开车意味着把握事业和人生的方向，因为目前师姐处于比较成功的状态，所以，开车人就由师姐来承担，表达了梦女对师姐目前生活状态的羡慕。另一个女生是谁？这里我们暂且放下，后面再说。梦女坐在后排，说明梦女在事业和人生的把握方面一直处于被动状态，从来没有主动掌握过自己的生活。闭着眼睛在后座享受着，一方面是因为梦女临睡前放的是阿弥陀佛的音乐，她正是在享受着这一音乐的情况下入睡的，所以，在梦境中继续这一情绪状态。另一方面，这也为后面的梦境埋下了伏笔，因为接下来当梦女睁开眼睛时却发现出现危机了。这表达的是以前梦女因为过于在意自己的内心感受，从而错过了很多机会，当自己真正醒来准备思考这一问题时才发现，危机早已经出现。

车子失控滑向泥潭，这当然不是什么好事情，表明生活或者事业失控了。黑色的泥巴是一种不好的寓意；水已经没过车窗了，表达危机的程度；两侧车门和后箱盖都已经裂开了，表明一种濒临崩溃的局面。这一切，都是梦女对自己事业和生活的自我意识，感受到了所有的这一切都已经失控，并正在滑向深渊。

这时候，梦女突然漂在车外，拼命抓住车子上边的一个杠子，并且将整个胳膊都伸进去挎住，并且决定无论如何也不放手。在这里，漂在车外正是梦女对自己目前状况的认知——自己一直还是在漂着，不像师姐那样无论事业还是人生都已经有了着落。梦女希望能够抓到一根救命稻草，能够拯救自己，不至于继续滑向深渊。这一救命稻草，在现实生活中来说，就是考取博士学位。看来，面对事业与人生困境时，梦女经常给自己下决心，一定要通过考取博士学位来改变自己的命运，改变这种漂泊的状态。

在梦境中，水中还缠绕着一些白电线，在整个过程中，梦女还将这些白电线扯开，以便车子能够顺利靠岸。在这里，白电线又有什么寓意呢？这应该象征着在这个过程中的一些羁绊，一些困扰梦女的各种始料不及的事情，或者说一些老是错误引导梦女事业和人生方向的事情。

最后，车子终于上了一个又一个台阶，脱离了泥塘，这时候梦女发现，车子后半部分是红色的。这表达的是梦女对未来的期望，希望经过自己的努力，能够脱离目前这种事业与人生险境，回到正轨上来。虽然一路上要排除障碍，甚至在最后还有一根白电线夹在车门上，但是，总算走上正轨了，而车子的后半部分变成了红色，则意味着一种希望，映射了梦女情绪的转变。

到这里，该来说说车中另一个女孩子是谁了，其实就是梦女的同事莹莹。在梦女的心中，莹莹是那种很好强的女子，很善于思考，而梦女很希望自己也能像她一样，无论发生什么事情都可以理直气壮地去处理。因此，当梦境中出现险情的时候，是莹莹挺身而出将车子控制住了，并最终令车子摆脱了险境。

因此，这个梦表达了梦女对自己事业和人生状态的一种认知，通过自己两个最好的朋友的出现，表达了梦女希望像她们那样成功的愿望。同时，通过梦女死死抓住车顶杠子的努力以及清理水中电线的行为，也能够看出梦女希望通过自己考博士的努力和排除生活其他障碍的行为来改变目前的状态，让自己的事业和人生走上正轨，并且有非常美好的前景。

我觉得，其实不用去東河梦女也能作出决定，如果梦女能够把自己的愿望付诸行动，暂时排除生活事件的干扰，集中精力去考博士，未来的生活一定会得到较大的改变。希望梦女的愿望能够成真——当然，前提是，她必须排除干扰，付出巨大努力。

4. 人生抉择

过了几天，是中秋节。节后第一天，梦女又给我发来一个梦，是中秋节当晚做的，她的梦境如下：

梦到挖心，被追逐。

妹妹不知道因为什么被坏人挖去了心脏，她走到我面前说自己的心被挖走了。我说咋可能呢，心没了你就死了，她说你摸摸我都没有脉搏。于是我们就一起去找凶手。

我们所在的地方是一个类似服装市场的地方，有横着竖着的很多条小道，我们顺着其中一条竖着的小道往门那里走。市场里都是黑的，灯光稀少。这时候有很多大爷大妈手里拿着棒子来追赶我们，他们是来追打妹妹的。妹妹在前边，我推着她后腰往前跑。那些大爷大妈在那些道上呼喊着，有的经过我身边也没有来打妹妹，我好奇怪他们怎么看不到妹妹呢。这时候，一个经过的大妈忽然又转回来说："你那里（指我的脖子）长的大疤可以……（她的意思是我脖子这里长了一个大瘤子，可以做什么什么用，记不得原话了）。"我这时才明白了，原来妹妹已经是一个灵魂了，他们肉眼是看不到她的，而这个大妈能看到一点点，也只是把妹妹看成我脖子前面的疤痕。

我们到了另一个空间，说楼上那个穿着白大褂的女人就是我们要找的凶手。我们两个拿了几支针剂药物，想借着上楼去问药对不对而抓住她。这时候，那个女人感到了我们要抓她，跑了，于是，我们俩也赶紧往外跑，不知怎么的就上了一辆面包车。

本来驾车的是男主人，他的老婆和小孩都在车里，还有两个老妇人。我上了车后，坐在左侧车门边上，那个男主人想进到车里来，但是因为我知道他叛变了会出卖我们，所以我不让他进。于是，他就开始打电话，这时候，他的老婆坐在驾驶位上要开车。她想发动车但走不了，我说要踩油门（梦里的意思是这个老婆不会开车），结果车开起来了，这个男人在后边抓着车杠一起随着车子跑，不一会儿就把他甩下去了。我把已经抽了液体的注射器给妹妹打上，同车的另一个老妇人脚长了疮，我把另一只药给她打上了。车子继续向前开，我挪到了右边车门这里，安排大家休息，我说："除了我和驾驶员外大家都好好休息，等待作战。"车子开到了高速路，这时候我在右手边看到芙蓉姐姐和她的同胞姐姐在卖报纸，我让车停下，和芙蓉姐姐说："你怎么在这里？回来吧（梦境的意思是芙蓉以前是和我们一起的）。"她不过来，我又开始劝说，最后她终于上来了，我问她能干啥，她说我开车吧，于是我就让她开车。一大堆人继续上路了。

这就是全部的梦境，关于这个梦，我觉得需要详细介绍的信息如下：

（1）梦刚开始被挖心的妹妹就是我现实中的亲妹妹。

（2）梦里没有其他色彩，黑的，白的。

（3）不记得我是啥情绪了，知道妹妹被挖心后就逃跑，后来上了车就像个指挥官一样的了。

（4）我觉得这是个现实写照梦。车子就代表我们一家人，男驾驶员代表我爸爸，那个脚上生疮的女人就是我妈妈，因为在现实中，我妈妈的脚总是长那种疹子，很痒。因为我觉得爸爸一直对妈妈不好，我们家遇到事情也不能依靠爸爸，所以梦里就安排他叛变了，把他甩下去了。芙蓉姐姐就是网络上的那个芙蓉，我平时会关注她的微博，她的精神还是很让我崇拜的，勇敢、坚强、打不死，所以梦里就安排她出现了，还让她开车来掌控生活的舵。被追杀代表我们都活得压抑吧。

（5）做这个梦的原因可能和我昨天晚上给我妈妈打电话有关。给我妈妈打电话，她又开始磨叽她两个女儿（就是我大姐和二姐）的婚姻不好。我妈妈和我大姐一家住，她又说我姐夫要学历没学历（我姐夫是中专吧），要长相没长相（我姐夫秃顶），要家庭没家庭（我姐夫妈妈死的早，父亲再娶），要地位没地位（他的工作是狱警）。这四条是我妈妈找女婿的标准，她就喜欢高学历的或者当官的。她生了我们五个女儿，我大姐二姐找的都不符合这个标准，我的也不符合，但是还能赚钱。所以，她现在就每次都磨叽我这两个姐姐，尤其磨叽大姐夫。我能理解她是因为她自己婚姻不幸福，所以就把一切希望都寄托在女儿身上，她对我大姐夫的挑剔其实也是对我爸挑剔的投射。但是，她的挑剔并不会给我大姐带来一点幸福。相反，我大姐过得很痛苦，我好多次发誓再也不给家里打电话了，就因为她的这种磨叽，对我大姐、大姐夫和他们的女儿都带来了非常大的负面影响，可是她自己还不自知……

(6)我决定再也不给我妈打电话了，每次，我都收拾不了我自己的情绪。我想出走，躲到远远的地方去，我也不打算考博了，那是她的想法，不是我的。

以上是梦女的叙述，通过她提供的这些信息，我们基本上可以揭开这个梦境的真相了。

首先，梦女的自我认知是正确的，她认为这个梦境可能源于当晚与母亲的电话。从梦境的情况来看，应该肯定这样的判断，这个梦，就是源于此，以及由此给梦女带来的心灵影响。

梦境的第一段，梦女梦到妹妹不知道因为什么被坏人挖去了心脏。在这里，妹妹其实是梦女自己。我们看到，梦女在梦境中比较喜欢用妹妹替代自己，这说明梦女是一个难以面对现实的女孩，她总是害怕直接面对现实，总是表现得比较羞涩，因为这是一个自尊心极强的女孩。但是，现实又将她的自尊心打到了谷底，从而令她产生出强烈的自卑感，在梦境中以妹妹替代自己，可以让自己不那么紧张害怕。梦境一开头要说的，正是梦女的自我认知：自己已经是一个被掏空了心灵的人，已经如同行尸走肉一般，了无生气（没有了脉搏）。

梦境的第二段是去寻找凶手，来到的是一个纵横交错而且黑灯瞎火的地方。为什么是这样的一个地方呢？我认为这源于一种复杂的关系和背景。我们知道，梦女给我们介绍了她的整个家族和家庭情况，正是因为这一复杂的背景，导致了生活在其中的每一个人都有一种被掏空了心窝的感觉。里面的伤害者同时又都是受害者，每一个人都在不知不觉中伤害着别人，同时被别人伤害着。因此，梦境中一些大爷大妈在横着或者竖着的道上呼喊着，并没有针对某一个具体的人进行伤害（有的经过我身边也没有来打妹妹），但是，给人的是一种逼仄的感觉，一种癫狂的氛围，一种令人神经高度紧张的窒息感。这正是家庭氛围的真实写照。梦境中他们看不到妹妹，寓意是深刻的，表明在这种氛围中每个人都变成了透明的，或者说空心人。而儿女们的伤痛都已经结了疤，父母所能看到的，也就是这些疤痕而已，岂不知这疤痕的背后是多少伤痕累累的心灵，也是梦女自己心灵的全部缩影。

梦境的第三段还是继续寻找凶手，但是，梦女已经知道开始自我疗伤了，这是令我们欣喜的地方。我们看到，“楼上那个穿着白大褂的女人就是我们要找的凶手”这暗喻着母亲，不知道梦女的母亲是否是医务工作者，即使不是，穿着白大褂也表明了一种看似保护的角色，其实却正是伤害者。这时候，梦女的心思已经不仅仅是消极的归罪（寻找凶手），而是积极的自救（我们两个拿了几支针剂药物），因此，在无法再对伤害者进行追究的情况下（想借着上楼去问药对不对而抓住她。这时候，那个女人感到了我们要抓她，跑了），展开了自救的行为（于是，我们俩也赶紧往外跑，不知怎么的就上了一辆面包车）。

梦境的第四段描述的是驾车逃跑的情形。这一段梦境，我觉得梦女的自我认知很到位，我们先来看看梦女的理解：“车子就代表我们一家人，男驾驶员代表我爸爸，那个脚上生疮的女人就是我妈妈，因为在现实中，我妈妈的脚总是长那种疹子，很痒。因为我觉得爸爸一直对妈妈不好，我们家遇到事情也不能依靠爸爸，所以梦里就安排他叛变了，把他甩下去了。芙蓉姐姐就是网络上的那个芙蓉，我平时会关注她的微博，她的精神还是很让我崇拜的，勇敢、坚强、打不死，所以梦里就安排她出现了，还让她开车来掌控生活的舵。被追杀代表我们都活得压抑吧。”

是的，车子代表这一个大家子，本来掌舵人是爸爸，但是，梦女觉得爸爸已经没有资格再承担这个家庭掌舵人的角色了（那个男主人想进到车里来，但是因为我知道他叛变了会出卖我们，所以我不让他进）。因此，希望将他隔离出去（这个男人在后边抓着车杠一起随着车子跑，不一会儿就把他甩下去了）。但是，妈妈来掌舵似乎也不行，因为妈妈没有这个能力（他的老婆坐在驾驶位上要开车，她想发动车但走不了），怎么办？

这时候有个人挺身而出，这个人是谁？正是梦女自己。当妈妈不会开车时，梦女指导妈妈（我说要踩油门，结果车开起来了）。与此同时，梦女还开始自我疗伤的行动（我把已经抽了液体的注射器给妹妹打上），不仅如此，梦女虽然知道导致这一切的罪魁祸首其实是妈妈，但梦女又能深切地体会到妈妈其实也是受害者，因此，又开始给母亲疗伤（同车的另一个老妇人脚长了疮，我把另一只药给她打上了）。然后，梦女继续发挥主心骨的作用（ 我挪到了右边车门这里，安排大家休息，我说：“除了我和驾驶员外大家都好好休息，等待作战。”）。“等待作战”这一句话特别有意义，表达的是梦女在面对目前家庭困境之下的觉醒和决心，表达了梦女不愿意被命运所左右，而是要奋起还击的心理准备。

然而，面对生活奋起还击谈何容易，生活就像一张网，将我们每个人网在里面，动弹不得。要抗争，既需要实力，又需要勇气，其中最需要的是勇气。那么，勇气从哪里来呢？我们看到，接下来的梦境就出现了一个人物，这个人物，正是梦女勇气的来源。

这个人物，是妇孺皆知的一个人物，那就是芙蓉姐姐。芙蓉姐姐是网络上一个负面人物，然而，就是这么一个负面人物，却以一种常人无法理解的勇气和整个社会抗争着，并且活得越来越有滋有味，尽情展现和绽放着自己的生命。这是梦女欣赏的一个人物，梦女认为："她的精神还是很让我崇拜的，勇敢、坚强、打不死" 。因此，接下来的梦境，当"车子开到了高速路"时梦女有点把控不住了，因为高速路需要更多的本领和更大的勇气。而这时候，芙蓉姐姐出现了（我在右手边看到芙蓉姐姐和她的同胞姐姐在卖报纸）。于是梦女让车停下，劝说芙蓉姐姐过来，并且感觉到和芙蓉姐姐以前是一起的。最终，芙蓉姐姐终于加入了梦女的团队，并且可以掌舵这辆车（她说我开车吧，于是我就让她开车）。于是，梦女对前途充满了希望（一大堆人继续上路了）。

这最后一段梦境，是整个梦境的精彩之处，充分展现了梦女内心的潜意识想法，既表达了内心的矛盾、犹豫和抗争，又表达出梦女某种强烈地把控自己生命的愿望。这个梦，就是这些愿望的达成，因为在最后的梦境中，梦女就像一个指挥官，不仅把控着自己的命运，而且还把控着整个家庭的命运，并且以芙蓉姐姐"勇敢、坚强、打不死"的精神鼓舞自己，让自己的内心充满信心和希望。

我要说的是，希望梦女通过这个梦境发现自己内在蕴藏着的巨大能量，真正能够像梦境中那样，勇敢地站出来，面对生活，面对人生，充分发挥自己的聪明才智，为自己疗伤，也为这个家庭疗伤。而不是仅仅停留在埋怨和逃避的层面上，要用一种洞察一切之后的勇气，通过自己的双手和智慧来让自己的生活过得更加美好。

5. 尾声

我将解梦结果发给梦女之后，很快便收到了梦女的回复。

敬爱的梦侦探：

您好！

非常惊讶您解梦的速度、翔实的分析和诚恳的建议。

分析得太对了！真没想到原来梦境真的可以看出那么多心理和情绪，通过您的解梦我也发现，原来自己的内心还有这样的一面。我觉得一直缠绕在我身上的线团终于有了一个线头，有了能够理清的希望。

尤其看到第三段解梦结尾您对我的建议：排除困扰，踏实地学习考博。这也让我自愿考博的心又增多一些。

好像从 1998 年读大学以来，我就每隔一个阶段问自己：人活着究竟为了什么。我活得很纠结，知道自己要啥，好像又不能坚定，又好像自己要的很模糊，也不符合社会的标准。所以能量就都在这些纠结中内耗了，然后又开始为这些内耗自责，陷入了一个恶性循环。我觉得我的这个恶性循环和我妈妈的是一样的，所以我痛恨我妈妈的行为，其实，也是因为我痛恨自己吧。

我很善于反省，也像您说的会将错误揽到自己身上，这些性格特点应该都是来自妈妈。我们家五个女孩，从小在家人这里我很少得到表扬。我学习一直很好，在小学也一直当学习委员，语文和作文都很好，老师会经常表扬我。因为我在家里很少得到表扬，所以一旦得到老师的表扬，会让我觉得好高傲。我记得很清晰的一个镜头是，我在给同学们听写语文生词的时候，我都是找字典里很生僻的词组，结果同学们很多都写不出来，以此来证明我学识的渊博。现在想起来那时候自己多么幼稚。如果我能一直坚持这种高傲还行，但我不是那种性格，看到同学们都写不出来受老师批评的时候，我就觉得是我自己的错，我很对不起大家，于是好像大家都看不起我，我又开始很羞愧……我的性格就是这样矛盾着、内耗着，敏感多疑。

我的性格还有一个很大的保护机制，就是遗忘。从小到大我记得的事情很少，我觉得这是一种保护性遗忘，因为快乐的事情很少，所以我记得的都是相对比较快乐的事情，或者说是被我内心美化过的觉得挺快乐的事情。我记得的事情都是片段，根本连不起来。比如，我有没有回家过年我是不记得的，哪年我去了哪里不记得的。我只记得一些片段，有些片段是好的，有些片段是我不愿意面对的，但是对我影响很大的我也记得。

因为我这种矛盾的性格，我一直不能认清自己，所以我以前特别爱算命，做各种各样的测试，但是结果我都不满意。就拿考博来说，我还曾经花400元钱找一个人算命，他也让我考博。我想找出自己的性格究竟是咋回事，我学过风水，学过姓名学，也学过生日密码，也看过乐嘉的色彩学，台湾的身心灵书籍看过很多很多，也都遗忘了，也通过中医的五运六气、八卦象数查看自己的五脏六腑能量。我想看清自己，但是可能因为人在此山中，所以即使有人告诉了我性格的真相，我还是觉得不是真相。

经历了这样的寻找过程，现在，我也厌倦寻找了。我总想给自己找一个原则去依靠去做事，再也不想这样盲目地去寻找，然后像熊瞎子一样，找一样扔一样。最后，我找到了《弟子规》，觉得这是一把钥匙。力行的过程充满着艰辛，就拿对父母孝来说吧，每次面对妈妈的责难，我都难以平静，我觉得我要崩溃了，就像昨天晚上又崩溃了一样，又一次决定不把自己调整好就再也不给妈妈打电话了。我觉得我对于我妈来说，最坏的抉择就是当她往生的时候，我是不是会后悔。我的答案是：不会。

您说得很对，我以前一直觉得有了矛盾和冲突就很难受，希望息事宁人，这也是来自于家庭吧。从小，我爸妈就是打过来的，虽然我都没有太多的印象，我只记得一个镜头，就是在土炕上，我们姐五个围着我妈痛哭。我妈说要走要离婚，我忘了那时候是咋打架的了，是我爸打了我妈还是咋回事，我只记得那一个镜头。后来的很多事情都是我听我妈说的，我妈说为了我们五个，她没有离婚。但是现在我想来，我妈也是没有勇气离婚，她没有勇气走出来，所以现在她的腿和脚总是出疾病，这就是心灵的一种反射，是心灵在掩盖自己没有勇气走出来而给自己找的一个借口（你看，不是我不想走出来哦，是我的腿脚出毛病了）。

所以，我妈昨晚还在和我叨唠，她很希望我大姐、二姐都离婚……这也是因为她当年没有做到，所以投射到她的女儿身上吧。我现在对我妈，是可怜之人必有可恨之处，五年的时间我才从她的影响中解脱出来，解脱到现在还是这个样子，你可见当年我会纠结到啥程度。因为有不想发生矛盾和冲突这种潜意识在，所以在我的婚姻中，也表现得很明显。就是一旦我意识到我们两个意见不一样了，我以为就要吵架了，所以我就先发火。无数次这样的事情发生后，我才知道不应该这样，应该像您说的有问题发生不要害怕……

或许，这就是我的性格，从灵魂的角度来说，我的灵魂就选择了这样的使命、这样的家庭。也不能归于我老妈的影响，我还是要为自己承担起责任，什么都还是我自己选的路，我自己造成的。总之，谢谢老师，和您说说，就痛快一些，看您解梦就更清晰一些。像您说的，很多事情都是一个时间的问题，到了某一个时间，所有的结都会被打开，一切都将烟消云散。我要做的就是脚踏实地该干啥干啥……

再一次感谢老师，不要太累，有啥我能做的我当尽力而为……愿喜乐……

五 照片风波

——传统思想下的道德焦虑

艳照门事件给国人带来了不小的冲击，这种冲击其实是因人而异的，有些人注重其隐私权的部分，还有些人注重其道德的部分。下面这个案例发生在艳照门期间，我们来看看，艳照门事件对一位具有传统道德羞耻感的女孩会造成什么样的心理影响。

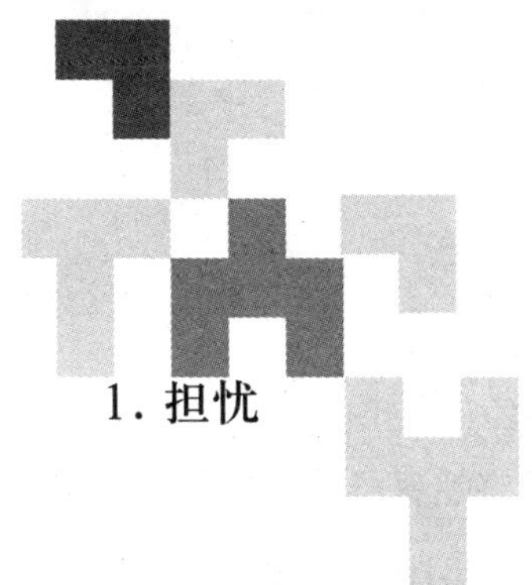

1. 担忧

艳照门事件发生已经好几年了，全世界的人应该都知道了吧。但是梦女是在很久之后才看的。梦女是一个纯情的女孩，平时连色情图片都不敢看，这次主要是好奇心作祟，才偷偷地看了。当然看了之后她很震惊，也有一点小小的本能的愉悦。因为害羞，谁也没有说。

没有想到的是这个世界除了她，竟然还有一个人没有看过艳照门，这个人不是别人，正是梦女的男朋友。梦女的男朋友是一个比较成熟的男人，对艳照门这类事件本来没有兴趣，属于至今为止少有的没有看过的人。这次是为了一个社会学的研究，所以想起艳照门事件，觉得应该了解一下。

男友无意中跟梦女说了一下，而梦女呢？第一是不太会撒谎的，第二对男友的事情非常重视，因此就告诉男友自己刚刚看过，但是放在家里，要第二天才能够拿来给他，没有想到当天晚上就做了这个梦。梦境如下：

晚上梦到梁咏琪，穿着一件桃红色的裙子，是那种很显身材的款式。她还开着一辆红色的跑车。

她把车停在了一个桥上，站在车的旁边和我说话，在梦里好像她是我男友的女朋友。然后，她就对我很凶，说我破坏了我男友和她之间的感情，态度特别不好。还说我穿的衣服也不对。我就很怕，在往后退。

这就是整个梦境。梦女第二天将梦告诉我，让我帮她解梦。

这个梦境是比较简单的。大体可以分为三段。第一段是梁咏琪出场。大家知道，梁咏琪是清纯派的艺人，但是在梦境中却“穿着一件桃红色的裙子，是那种很显身材的款式。她还开着一辆红色的跑车”。这显然与梁咏琪一贯的风格是不相符的。我们知道，任何梦境都只有一个主角，这个主角就是做梦者自己。因此，在这个梦境中，梁咏琪就是梦女自己的写照。一个清纯派的女星突然变得性感桃色了，这是什么意思？结合当天梦女答应男友给他艳照门的照片一事，我们可以这样理解，这是梦女的一种担忧，担心男友看了照片后会觉得自己是一个轻佻的女人，改变了在男友心中原来的清纯形象。

第二段的核心是梁咏琪指责梦女说她破坏了她和男友之间的感情。这其实是梦女的一种自责，是梦女的内心矛盾冲突。其真实意思是梦女担忧男友看了艳照门照片之后会影响男友对她的感情。一方面，可能害怕男友对她印象变坏，所以影响感情；另一方面，可能怕男友看了之后心思动了，从而影响两人之间的感情。要知道，梁咏琪有一段痛楚的经历，就是被男友伊面抛弃。所以梁咏琪在此梦中出现，同样代表了梦女的一种担忧，担心自己会步梁后尘，被男友抛弃。而根本的原因，就是艳照门的这些照片带来的影响。

梦境的第三段，是梁咏琪指责梦女穿的衣服不对，联系到梦境的开头梁咏琪是穿了一件很显身材的性感衣服，那么，我们可以猜测她指责梦女一定是说她穿得不够性感，没有把身材显出来。这同样是一种自责，从指责自己穿衣服不性感来看，这种自卑心理应该源于身材。

因此，我们看到，整个梦境就是梦女的担忧，既担忧改变了自己在男友心中的清纯形象，又担忧自己的身材比不上艳照门女星，从而担心会破坏自己与男友之间的感情。这就是整个梦境反映出来的主题，总之是一种担忧。

梦女认同我的解梦，她也承认自己内心似乎有过这样的担心，因为当天晚上回去后曾经对是否第二天把照片带给男友犹豫了很久。担忧男友看了艳照门照片之后，会说她学坏了。还有，怕男友看了之后会觉得自己的身材不好。

这就是这个梦境的主题。

2. 角色焦虑

梦女把艳照门照片给男友看过之后，男友在QQ中跟她说很震撼，没想到会这么露骨。当天晚上，梦女就做了以下这样一个梦：

梦里我去一个地方找人出来玩，走到了Twins的家。我想找阿Sa出来玩，就在她家门口打电话给她，结果接电话的是阿娇，我并不想找阿娇玩，我就让阿娇把电话给阿Sa听。然后阿娇跟我说，帮我把电话转给阿Sa了，但是阿Sa那边不知是占线还是没有人接听。最后我也没有找到阿Sa。

这个梦就是这样。

我们看，这个梦其实很简单，梦女想找阿Sa，结果怎么找也找不到，偏偏只能找到阿娇。阿娇是谁？艳照门女主角。梦女把照片给了男友，而男友发出了太露骨的感叹。说者无心，听者有意，这句话对梦女的刺激很大，觉得自己在男友心中的形象改变了，从原来的纯情形象变成了现在的放荡形象。于是，在这种焦虑下，做了这个梦。

这是一个典型的关于认同的梦。阿Sa代表纯情，阿娇代表放荡。梦女想找回自己纯情的形象，但是找不到了，找来找去都是跟放荡的阿娇联系在一起。因此，这是梦女内心深处对自己角色的焦虑，担忧自己在男友心中的形象。

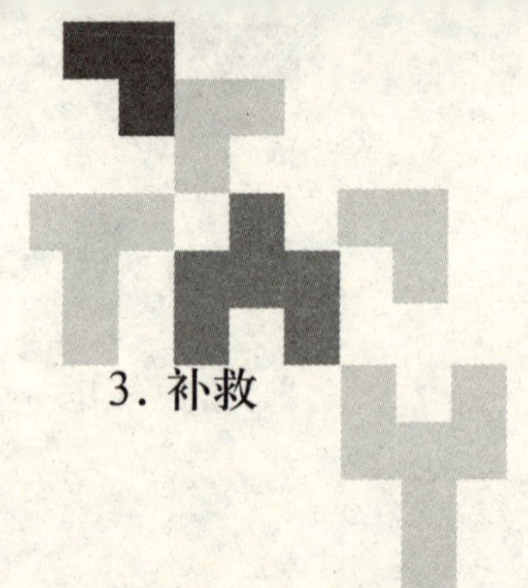

3. 补救

过了几天，梦女又做了一个梦，梦境如下：

梦里我带着一份礼物——红色的礼盒包装，盒子很大，要去我哥哥的单位去找他。走到半路，我感觉盒子里的东西在叮当响，我担心不小心把礼物给弄坏了，就打开来看。打开之后，发现盒子很空，只有一个杯子在里面，而那个杯子特别像我送给男友的现在在办公室用的那只水杯（但只是像而已，其实并不是那个杯子，因为感觉梦里这个杯子没有男友现在的杯子精致），我发现由于没有用塑料泡沫之类的固定住，杯子的盖子弄碎了。

我开始很焦急，并且很伤心，给我哥哥打电话，告诉他杯子不小心弄坏了，让他不要上班，快点出来。但是我哥哥说他离下班还有四个小时。我就开始在盒子里找杯盖的碎片，并想把它重新粘好。我还在四处找人，但是，路上没有一个人。

过了一会儿之后，我看到前面有个老人，在卖古董，都是些玉器石头之类的，我就拿着杯子去求助他。老人看了我的杯子之后，说："这个可不是一般的杯子，价值不菲哟。"但是，他也没有帮我把杯盖给粘好。

接着我哥哥就出现了，他说他还是跟主任请了假出来（稍稍放下心来）。

这就是整个梦境。我们照例来分析。

梦境讲去送礼物，是红色包装的。后来发现这个礼物跟自己送给男友的水杯是类似的，而且由于没有固定，杯子的盖子打碎了。梦女很着急，搬救兵没有搬到，想自己补救也补救不了，有一种受阻的感觉。后来去找一个卖古董玉石的老人，老人告诉她这是一个价值不菲的礼物，言下之意是很珍贵的东西被破坏了，但是老人也无法补救。最后的结局还可以，哥哥提前下班了，虽然梦境没有交代哥哥能否修好杯子，但是提前下班总算是救兵到了，还是可以给人安慰的。这就是此段梦境的主要意思。

我知道梦女最近因为照片事件受困扰，而从这个梦境来看，仍然跟这类事件有关。

我们来看梦境是如何反映她的心理状况的。

梦境讲去送礼物，一个很大的盒子，而且是红色的。我们知道，红色跟桃色是类似的，在这个梦境中带有性的意味，而且盒子也有性的象征含义。

后来发现由于没有塑料泡沫固定，杯子的盖子打碎了。这里面有一点懊悔的意思，对应于梦女后悔给男友看了照片从而对自己产生了坏印象，这个坏印象体现在被打碎的盖子上。杯子是要送出去的礼物，在梦境中就是梦女自己，因为梦境中的杯子与梦女送给男友用的杯子是类似的。现在由于不小心坏了，意味着梦女觉得自己在男友心中的印象坏了。

梦女想补救，但是不知道怎么来做，而且还借一个卖古董玉石的老人的口说出被破坏的是很珍贵的东西，这表明梦女认为自己在男友心中的形象是很珍贵的，是自己很看重的。但现在看来，想补救基本上是不可能了。老人也可以象征智慧，也就是说再有智慧也没有办法了。既然再有智慧也没有办法了，怎么办？只有一个办法——释怀。因此梦境通过救兵提前到达来表达这种释怀，表达即使没有办法了，但总算还有一些精神的安慰。这些精神安慰是什么？不知道。应该是当天晚上男友给予梦女的安慰，或者是梦女感觉到男友其实还是爱自己的，因为虽然盖子打碎了，但是杯子还在。

4. 圆满

过了几天，梦女很高兴地告诉我，前一天做了一个很好的梦，她觉得是个好兆头，让我帮她看看，梦境如下：

我梦到男友穿着正装，胸前还别着鲜花，站在一个欧式建筑样子的地方，这个建筑很梦幻，他也超级帅。我就向他走过去，他对我说：“前面有个女孩在拍照，等一下，我们也要拍。”还说前面这个人拍的是写真艺术照，拍了五六张。他让我去穿上白纱，等一下要拍十九张照片。我好开心，就傻笑着看着他，他就说：“嘿嘿，放心吧，我会陪你一起拍的。”在梦境中和他一起唱着歌，我都笑醒了呢。

我们看到，这个梦境很简单，是一个开心愉快并带有憧憬的梦境，表达了梦女对男友的款款深情。我相信，梦女一定与男友度过了一个十分愉快的夜晚，而且男友也一定表达了对梦女的深情厚意以及对未来美好生活的向往。

我们看到这个拍照的场面，所在的环境（欧式建筑）、着装（男友穿正装还别着鲜花，很帅，还要梦女穿白纱），典型的拍摄婚纱照的场面。只有在对未来充满极度憧憬的状况下才有可能有这种场面在梦境中出现，男友一定给了梦女足够的暗示。

前面有人在拍照，男友让梦女等一下，这可能意味由于某些外部的原因，他们不会那么早就修成正果。但是，梦境中的“嘿嘿，放心吧，我会陪你一起拍的”，充分表达了男友的承诺，表达了梦女所感受到的男友的真心，这是一份稳定的情感关系所能带来的安全感。

这就是整个梦境所带给我们的信息。对于这个梦，我基本上不用再向梦女证实什么了，因为所有的一切都表达得淋漓尽致，跃然纸上。

如果一定要问梦女是否如此，梦女的回答也一定是：you got it!（答对了！）

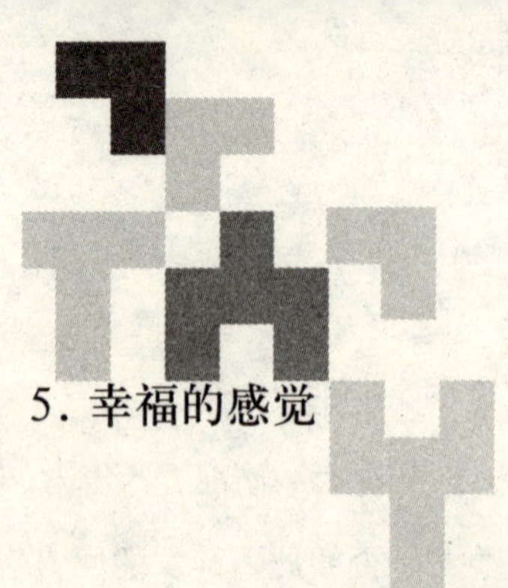

5. 幸福的感觉

幸福的感觉是怎样的？我相信每个人都有不同的感触。如果是一个怀孕了的乡村女教师，她幸福的感觉会是怎样的呢？

是的，在过了几天之后，梦女又做了一个梦，形象地再现了“幸福”这一情景。梦境是这样的：我梦到我的身份是一个乡村女教师。有 baby（小宝宝）了，在一个大山里面，幸福地摸着肚皮晒着太阳……

就这么一个简单的梦。问题是，梦女不仅不是乡村女教师，而且还是一个未婚女青年呢。她为什么会做这样的一个梦呢？

说来说去还是跟照片有关。自从照片事件之后，梦女的男友似乎察觉到了梦女的担忧，从而对梦女加倍的好，以消除她的疑虑。

透过这个梦境，我们看到，照片风波已经过去，梦女的心情已经恢复正常，与男友的关系更加亲密，并且对未来充满了憧憬。

需要说明的是，这是否意味着梦女渴望为男友生儿育女？通过与梦女的沟通，梦女在意识层面上并没有这样一种想法，只有对男友强烈的爱和归属感。我们也可以说，由于这种强烈的情感，并不排除梦女在潜意识中有这样的想法。我认为这是梦女在梦境中用这样的一种形式来表达自己的幸福感和归属感。因为在梦女的潜意识原始图像中，这种场景代表的就是一种幸福的归属感。

六 婚宴的应激

——婚姻对于我们来说到底意味着什么？

关于婚姻最著名的比喻应该要算钱钟书先生所说的“围城”——里面的人想出去，外面的人想进来。然而，婚姻真的就是人类一种简单的单向行为冲动吗？婚姻到底带给围城内的人和围城外的人一些什么样的“利益”呢？这无论是对于围城内外的人还是骑在城墙上进退两难的人来说，都是需要思考清楚的问题。

然而，婚姻的问题靠思考就能想得清楚吗？这犹如那个关于成佛的著名论断：佛不是单靠“悟”可以悟出来的，还要“行”——修行修行，重点在行啊。

婚姻其实也是一种修行，婚姻是两个人各自打碎自我揉在一起，并重新再分离出两个你中有我、我中有你的新自我的过程。因此，婚姻的过程就是一种人性的修行过程，修行得好，你的人生就是一种圆满，否则，我们永远不能成佛，只能在暗无天日的地狱中煎熬。

1. 无聊而又刺激的旅程

梦女是一位很有才华的著名心理杂志社的编辑，十一前夕，也就是9月30日，她做了一个梦，并将这个梦发给了我。下面是梦境：

社里组织我们一起出去玩，在一个景区，有很多阿拉伯建筑，像一千零一夜的插图那样，花里胡哨的。我们要爬一个塔，我觉得没什么意思，但是同事都爬，我就跟着一起上，爬的时候觉得很无聊，只是一圈一圈爬陡峭的铁台阶。

后来，铁台阶变得越来越陡峭，我前面的人累得满头大汗，说热，脱了裤子换了条长裙，结果爬起来更不方便了。而且铁台阶变成了铁棍梯子，周围也变成了悬空的，非常危险，我觉得一不小心踩空就会摔死。大家还交流心得，说可以脱了鞋爬，我觉得那样硌脚，更容易摔着。

我们终于爬到一个房顶一样的平台上，大家纷纷坐在沿上休息，我知道这不是终点，但是不知道大家还会不会继续往上爬。突然我发现，要下去很难了，来的梯子都没了。我于是也坐下来看着对面的建筑。这时候，我看到我们这个建筑和对面建筑之间拉起了钢丝，一个我不认识的外国姑娘在走钢丝，还大声问我："我爱你，你爱我吗？"我当着所有同事的面，大声笑着答复她："我爱所有爱我的人！"

这时，有一个外国男魔术师，开始让游客参与体验他的魔术表演。他先是去另一个旅行团里找了一个外国人，让他跳到两个楼之间的钢丝上。那个外国男人一跳，竟然稳稳地站在了钢丝上，魔术师微微一笑，又指挥他做了很多跳跃之类的高难度动作。那个外国男游客快吓死了，但是动作很熟练，像练过一样。魔术师的意思是，他有很厉害的魔力，可以让一个普通人做高难度的杂技动作。接着魔术师来我们团里找游客体验，我一点也不想去尝试。魔术师走到一个男人面前，给了他一勺糖，好像是在邀请他去尝试，那个人一犹豫，魔术师马上说："你的体验资格被取消了。"然后魔术师去了原来那个外国旅行团，那里很多人拿着白糖等在那里，那些白糖看上去就像剃须泡沫。魔术师却去了阳台，于是一群人围了上去，你拥我挤的，很危险，我知道马上就会有人被挤到楼下去，结果真的有个姑娘被挤下了阳台。我知道她死不了，这是魔术师的表演而已，果然，那个姑娘掉了几层就被什么东西挂住了。魔术师用魔法让她慢慢地升了起来，然后又用魔法弄来一台电风扇让她抱着，然后她就像直升机一样飞进了窗户。我觉得这种魔术太夸张了，不如刚才看走钢丝有兴趣了。

刚才想了想这个梦，几个相反词跳出来：无聊，刺激；安全，好玩。反映的是我对婚姻这件事的纠结，婚姻的好处是安全，缺点是无聊；单身的好处是好玩、刺激，但是缺乏安全和稳定。心态好的时候，靠谱的时候，我也觉得婚姻好，哪天犯浑也会抱怨婚姻的无聊，忘恩负义地去指责它无聊不好玩。其实全是状态，没啥好抱怨的，鱼和熊掌不可兼得，据说不成熟的人才两边的好处都想要。

这次大概是因为最近准备婚宴，所以想了很多关于婚姻的事，加上前段时间做专题感觉做得不如自己想象得好，所以不在状态上，有点消极。

说到婚宴，国庆节要回家办婚宴，漫长的婚约啊，这次折腾完，我算是彻底结婚了吧。对了，国庆节还要回家见一个从卡塔尔离婚回来的童年好友，她还带回来两个孩子。对我的情绪应该没什么影响吧，不过我们很多年没见了。

反省完了，不抱怨了，婚姻很好，我爱它给我的稳定和安全感！

这是一个怎样的梦呢？其实梦女最后的反思已经把这个梦的主题说得很清楚了。

应该说，梦女对这个梦的反思是正确的，这确实是一个婚姻应激的梦。在这个梦里，淋漓尽致地表达了梦女的婚姻观。下面我们来具体分析。

【梦境第一段】

这一段梦境里梦女就给婚姻下了一个消极的定义，这一消极定义不仅源于梦女对婚姻的消极认知以及做梦当天的消极情绪，还源于即将要见的从卡塔尔离婚回来并且还带着两个孩子的儿时伙伴。因此，梦境一开始的阿拉伯建筑风格就是这一联想的产物，而“花里胡哨的”表达的正是受到好友离婚事件的影响而产生的对婚姻不信任的态度。

在梦境中，梦女将婚姻比喻为爬一座塔，觉得“爬的时候觉得很无聊，只是一圈一圈爬陡峭的铁台阶” 。梦女本身对此毫无兴趣：“我觉得没什么意思” 。但是，婚姻这件事似乎是每个人都要经历的，很难逃得过，因此，梦女就随大流要完成这一任务：“但是同事都爬，我就跟着一起上”。

【梦境第二段】

这一段梦境主要表达婚姻中所面临的考验和各种羁绊，因为“铁台阶变得越来越陡峭”，所以会很累：“我前面的人累得满头大汗”，这是梦女看到和自身所体验到的婚姻状态。“脱了，裤子换了条长裙”意思是再怎么努力或者改善关系，或者说无论你是跟什么样的人过日子，都存在很多问题：“结果爬起来更不方便了” 。因此，这让梦女觉得婚姻生活就如同走钢丝一般充满着风险和未知：“而且铁台阶变成了铁棍梯子，周围也变成了悬空的，非常危险，我觉得一不小心踩空就会摔死”。即使面对这样的婚姻事实和认知，但是周围的人似乎都还在津津乐道地谈论婚姻，并互相交换经验。然而这一切在梦女看来，却似乎都是在逢场作戏或者说强装欢颜，因为婚姻中存在太多需要处理的问题了，即使你的忍功非常了得：

“可以脱了鞋爬”。仍然必须承受着很大的痛苦：“那样硌脚，更容易摔着”。

【梦境第三段】

这一段梦境表达的是婚姻无尽头，一旦上路就没有回头路，骑虎难下。因此，梦境在这里安排了一场中途休息，梦女“不知道人家还会不会继续往上爬”，但是却深深地知道：“我知道这不是终点”，而且还发现“要下去很难了，来的梯子都没了”。因此，对于梦女来说，婚姻就如同走钢丝，所以梦女看到：“我们这个建筑和对面建筑之间拉起了钢丝”，钢丝上还有“一个我不认识的外国姑娘在走钢丝”。这个外国姑娘，其实就是这次梦女在国庆期间准备相见的从卡塔尔离婚回来的儿时伙伴，在这里，从外国回来就演绎成了外国姑娘。

梦女能够深深地体会到一位离婚女性的悲哀和其需要关怀的渴望，她也已经作好了足够的准备给予这位好友充分的安慰和爱。因此，梦境在这里设计了外国姑娘大声问梦女：“我爱你，你爱我吗？”梦女当然给予了积极的响应：“我爱所有爱我的人！”

“我爱所有爱我的人！”表达了梦女以我为主的婚恋观，关键的问题是：你必须爱我，否则恐怕难以为继，也就是说，梦女不愿意凑合的婚姻，希望婚姻有着真实的感情基础。

【梦境第四段】

这是戏剧性的一段梦境，以魔术师为媒介和纽带，表达的仍然是婚姻的主题。刚开始是魔术师找人体验，那人虽然吓坏了，但还是很熟练地完成了动作。最后的关键落在“魔术师的意思是，他有很厉害的魔力，可以让一个普通人做高难度的杂技动作”。在这里，玩魔术其实就是进入婚姻，而一个从来没有婚姻经历的人即使害怕恐惧，也仍然能够完成婚姻基本的要求。这应该是梦女对老公的认知，因为在整个前期婚姻生活中，虽然经历了种种磨难和考验，但是在梦女看来，老公似乎比自己更加合格，他在面对这样一种未知的婚姻时，也心怀恐惧，却仍然能够履行自己的职责，完成自己的任务，这让梦女产生一种魔幻感：看来婚姻真的是具有魔力的，可以让一个毫无婚姻经验的人也能够有惊无险地完成任务。

接下来，魔术师来梦女所在团队找人体验，梦女的态度却是："我一点也不想去尝试"，这仍然表明的是梦女对婚姻的消极态度。这时候有一个镜头，还表达了梦女对婚姻有些许的担忧，因为这时候，"魔术师走到一个男人面前，给了他一勺糖，好像是在邀请他去尝试" 。但是，当那个男人犹豫时，魔术师却对他说 "你的体验资格被取消了"，这正是梦女担忧的地方，梦女担心失去婚姻的机会。这就是梦女对待婚姻的态度：既消极，又有点担心真的失去。

一旦失去，机会就不会再来了，因为"婚姻魔术师"又去了别的地方——"然后魔术师去了原来那个外国旅行团" 。但是，在梦女看来，婚姻即使有甜蜜的地方——"那里很多人拿着白糖等在那里"，可总体而言还是像肥皂泡一样虽然看上去很美却免不了破灭—— "那些白糖看上去就像剃须泡沫。"

梦境的最后是总结性发言，梦女再次用自己儿时好友作为例子来诠释自己对婚姻的看法，婚姻仍然是充满着危机的——"魔术师却去了阳台，于是一群人围了上去，你拥我挤的，很危险，我知道马上就会有人被挤到楼下去，结果真的有个姑娘被挤下了阳台" 。说到底，也没有那么可怕，死不了人的："我知道她死不了，这是魔术师的表演而已，果然，那个姑娘掉了几层就被什么东西挂住了"。人都是有自愈能力的，即使婚姻失败了，仍然可以重新再来，安全着陆："魔术师用魔法让她慢慢升了起来，然后又用魔法弄来一台电风扇让她抱着，然后她就像直升机一样飞进了窗户"

。电风扇也可以被拿来当成直升机了，所以梦女 “觉得这种魔术太夸张了，不如刚才看走钢丝有兴趣了” 。其实这表达的是虽然可以软着陆，却贬值了很多，因为直升机换成了电风扇，就如同那句讲股市状态的段子一样：“宝马进去，自行车出来” 。

这就是整个梦境所要表达的主题，是梦女在面临即将举行的婚宴应激下对婚姻的看法和态度。当然，这种看法和态度也受到了梦女当时情绪的影响，特别是工作压力的影响，并不完全代表她一贯的看法，因为梦女提到“前段时间做专题感觉做得不如自己想象得好，所以不在状态，有点消极。”

因此，在对这个梦境进行反思之后，梦女最后写了一句话，补充了梦女对婚姻的正面态度：“反省完了，不抱怨了，婚姻很好，我爱它给我的稳定和安全感！”

然而，态度归态度，人的情绪真的那么容易平复吗？

2. 怅然若失的婚检

国庆节刚过，我就收到了梦女的第二个梦，下面是她的梦境：

10 月 8 日的梦。

梦到我和老公回我家结婚，在我小时候住的那个已经被拆掉的房子里，住的却是他的爸妈。下午三点多钟的时候，外面阳光特别明媚。婆婆说，她给我们租了婚纱礼服，让我们穿着出去玩，拍照，让老公骑自行车带着我去。我很惊讶，又很高兴，因为这么扯淡的外出活动老公平时根本不可能同意，这次竟然同意了，还骑个自行车在等我。

我们出了门，却是去了医院门口，等着排队体检，我像去银行一样拿了号，是 29 号。然后，婆婆也陪着我们在医院外面的大院里等，像个学校操场。叫到 29 号的时候，我们飞跑进医院大楼，我跑在最前面，先进了医生的诊室。医生让我给他号，我说 29 号，医生说要号票，于是我把号票给他。

医生扫了一下条形码，电脑里出来一个名字“陶曲犁”，我说，对，这就是我老公的名字（老公不叫这个名字，不知道从哪里冒出来这么个名字）。下面还有一个空格，那是我的位置，这是夫妻俩一起体检的档案表，这种体检项目专门为夫妻俩一起体检准备的，类似于婚检（但是我很奇怪，为什么只标注丈夫的名字，妻子一栏的名字就是空格？好像是娶了谁还不一定似的）。

我站在医生电脑前看体检表的时候，老公已经在一边开始体检了。医生说他体检完了再让我体检，但是我很想上厕所，就问医生厕所在哪里，又问，是不是需要憋尿。医生说需要憋尿。

然后我就醒了。

大概我太完美主义了，虽然大道理都懂，知道结婚之后过好日子比什么都强，知道老公很会过日子，但是还是忍不住遗憾自己这婚结得很潦草，缺少仪式和角色定位，对老公的不在乎也老是感到难过。婚宴只请了姑姑舅舅姨妈，再远一点的亲戚都没有请，没有仪式，没有婚纱——做梦都想穿婚纱。

回来后，我一直说没有仪式好歹给同事分个喜糖，可是老公一直不肯，大概是懒，也大概是觉得没必要花这个钱。我心里其实有点难过，也和他说了，可是他也不是很在乎，我也不好再说什么了，总不至于为这点小事撒泼发脾气，显得我很小气。国庆节假后回单位上班，主编和同事们就闹着要喜糖，我都不知道说什么好了。

这个梦最后是被尿憋醒的。最近每天半夜都要起来上厕所，去医院检查过，医生说肾脏有点问题，长了什么东西，体检报告还没下来。昨晚跟老公去看过中医，中医说要调理，还说体检报告下来之后拿去给他看看再给我开药。昨晚临睡前觉得浑身浮肿，一碰就疼。

我们看到，这是一个典型的因为对婚宴失落所造成的梦境，中间穿插着对身体的担忧。下面我们来分析。

【梦境第一段】

这一段梦境是典型的弗洛伊德式“愿望的达成”。结婚是人一生中最大的一件事，特别是对于女性来说更是如此，是一个向所有的亲友昭示自己已经出嫁的仪式。虽然现在的人对婚礼的重视程度有所降低，但是女人总归希望有一个浪漫的婚礼，穿着洁白的婚纱，演绎一场童话般的婚礼。

但是，梦女此次回家举行婚宴，一方面场面搞得并不大，因为“只请了姑姑舅舅姨妈，再远一点的亲戚都没有请，没有仪式，没有婚纱。”因此，梦女对此其实是很失落的，虽然表面上看梦女似乎也没有怎么计较——

“我一直说没有仪式好歹给同事分个喜糖，可是老公一直不肯，大概是懒，也大概是觉得没必要花这个钱。我心里其实有点难过，也和他说了，可是他也不是很在乎，我也不好再说什么了，总不至于为这点小事撒泼发脾气，显得我很小气。”

因此，在这样的情况下，梦女在梦境中愿望达成，即回到了小时候住的地方，其实是向父老乡亲们宣告自己结婚的事；“阳光特别明媚”是浪漫婚礼常用的气候烘托；“婆婆说，她给我们租了婚纱礼服，让我们穿着出去玩，拍照”，因为老公对婚礼仪式的消极和缺位，此处以婆婆来替代老公，代为安排了梦女所期待的所有这一切，从而使这一切顺理成章；“我很惊讶，又很高兴，因为这么扯淡的外出活动老公平时根本不可能同意，这次竟然同意了，还骑个自行车在等我”，这同样是浪漫婚礼的展现。为什么用自行车？一方面这是一种浪漫的形式，另一方面其实是梦女心中最低的愿望：你不用搞那么大的排场（用小汽车），只满足我基本的仪式需求即可（自行车也行啊）。

【梦境第二段】

然而，愿望归愿望，事实却并不是这样，潜意识是很清楚的，因此，接下来梦境并没有继续演绎浪漫的婚礼，而是回到了现实。梦女最近身体不适，去医院检查过，似乎肾脏有点问题，因此，梦女对此事一定是担心的，当晚梦女还跟老公去看过中医，临睡前也觉得“浑身浮肿，一碰就疼”。这种担心就表现到梦境中来了，所以，浪漫还没有开始，就回到现实之中，变成到医院去体检了。

这里有一个有趣的细节，就是当轮到梦女体检时，梦女报上了自己的号，但是医生却坚持要号票。这一细节说明了梦女对仪式的重视：光报上号还不够，还需要实实在在的号票。这表明了梦女觉得光是告诉大家说结婚了是不够的，还需要实实在在的仪式予以证明。

至于为什么票号是29号，我们也可以把29号看成寓意着两个人长长久久，也可以说这是一件迟来的事情（因为一个月是30天），也可能与白天的某件事情或者某个数字有关。梦女刚开始也没有回忆起这个数字的意义，后来某一天梦女突然想起这个数字的由来了：原来是因为表哥将于10月29日进行婚礼，梦女与老公要去参加。

因此在这里，29号的出现表达了梦女对婚礼本身的潜意识唤醒，同时也表达了梦女对此事的耿耿于怀，因为表哥结婚会举行盛大婚礼——为什么自己没有呢？就这样无声无息地结婚了，似乎总觉得欠缺什么。

【梦境第三段】

这一段梦境淋漓尽致地表达了梦女对没有正式仪式和没有穿婚纱的失落之情。条形码出来的是老公的名字，而不是梦女的名字，这表达了一种对名分未能受到重视的失落。而老公的名字叫做“陶曲犁”，梦女也不知道从哪里冒出来的。但是我们知道，潜意识总是想方设法要表达自己，因此，这个名字其实表达的是梦女对老公的不满，“陶”，即“逃”或者“淘”的意思；“曲”与“犁”同义，都是曲里拐弯反正不直不爽的意思，梦女在梦境中杜撰出这样一个名字，来表达内心对老公的看法。

不仅如此，在出现老公名字之后，竟然没有自己的名字，只是下面有一个空格，妻子一栏竟然是空的。这表达的还是梦女对老公的看法，似乎自己不存在似的，没有名分。好像对于老公来说，只是昭示自己结婚了，至于跟谁结婚，并不重要，这是梦女一种未受到足够重视的强烈失落感。

【梦境第四段】

这一段是典型的生理之梦，梦女已经对此进行了叙述：“这个梦是被尿憋醒的。最近每天半夜都要起来上厕所……”

这就是整个梦所要表达的主题，表达了梦女对婚宴的失落感。不过，这些都是梦女一时的情绪所致。在分析完这个梦之后，梦女还是能够很清醒地意识到自己的这些潜意识心理，并且能够以一种更加理性和成熟的心态看待这个问题：

“大概我太完美主义了，虽然大道理都懂，知道结婚之后过好日子比什么都强，知道老公很会过日子，但是还是忍不住遗憾自己这婚结得很潦草，缺少仪式和角色定位，对老公的不在乎也老是感到难过。婚宴只请了姑姑舅舅姨妈，再远一点的亲戚都没有请，没有仪式，没有婚纱——做梦都想穿婚纱。”

是啊，又有哪一个新娘不想穿上洁白的婚纱，打扮成一个漂亮的公主，留下这人生唯一一次的美好回忆呢？

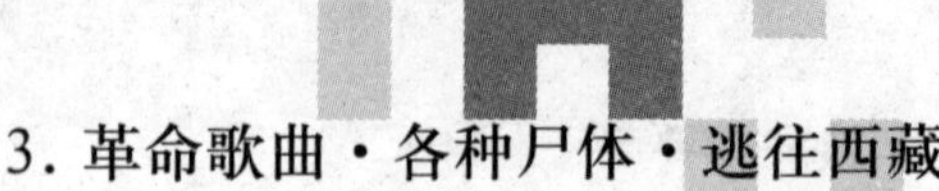

3. 革命歌曲·各种尸体·逃往西藏

第二天，我又收到了梦女的来信，这次梦女一连做了三个梦，每一个都是很奇特的梦，我们来看看梦女的心理又发生了什么变化：

10月9日的梦

【第一个梦】革命歌曲

我坐在一个教室里听两个男老师讲课（又像是一个小教堂里的牧师布道），台下坐着一群不靠谱的人，听得晕晕乎乎。有个男人一直随身提着一台老式的卡带录音机，不间断地播放着革命歌曲，老师上课的时候也放着，只是把声音调低。老师也不介意，好像知道下面听课的都是些莫名其妙的人。忽然，革命歌曲的声音大起来，盖过了老师说话的声音，站在讲台右边的老师微笑着看那个随身带录音机的男人，示意他把声音调低，不用关，调低即可。可那男人表情很无辜，因为他的卡带声音很小，革命歌曲不是从他的录音机里发出来的。原来声音是从外面的大操场上传来的，那是下课铃声。我于是出去买水喝。

【第二个梦】各种尸体

我坐在一条小船上，在水乡穿行，水很脏，漂着各种垃圾和动物死尸。导游却介绍说，这里的水域资源丰富，动物死尸可以捞上来做肥料和喂家禽。我觉得很恶心，这样养大的植物和家禽怎么吃啊？但我没说话，也学着别人的样子，用长柄网兜捞了几条死鱼上来，放在岸边，等流浪的动物去吃。

然后我们来到岸上，我抓了一把死鱼去喂笼子里的鸡，那些鸡很兴奋地去抢着吃，让我觉得很恐怖，我又抓了一把垃圾去喂一条狗。一切看上去都脏脏的，但是动物们很兴奋。

接着我拉开自己的旅行包，里面有一整个血淋淋的大个动物尸体，可能是猪，可能是牛，但也有可能是人。我从上面撕下一大块肉，然后撕成一堆小块去喂家禽和牲畜，它们都疯抢。喂完之后，我开始打包，把那具尸体塞进一个很大的旅行包，而且好像要藏起来，怕被人看到的样子，又把其他旅行用品盖在上面遮住。这具尸体好像既是我的本钱，也是我的秘密。

【第三个梦】逃往西藏

我打算逃亡去西藏。我大学的室友圆圆还来帮我打包送我。路上我遇到了菜刀，问他当年去西藏时用的帐篷还在吗，他说不在了。我又问他当时把帐篷支哪儿了，好像他支在了布达拉宫附近，但是他没回应我。我又问他在西藏住了几个月帐篷，他说三个月，九月开始的。我说，我是十一月去，那时候西藏已经很冷了。他冲我笑，知道我是在向他证明我这次旅行比他要苦，我去西藏的决心比他大。

我要去买帐篷，半路遇到了主编，她特别支持我，还要帮我买帐篷，我说不用，我网购就可以了，很方便。然后我就到了西藏，遇到很多以前的朋友，大家聚在一起玩，特别高兴。

然后是我回到家里，躺在床上，床边不知道怎么起火了。我想把火扑灭，还没找到扑的东西，火忽然一下蹿了起来，把半张床都烧起来了。

我吓醒了。

关于这个梦境中提到的菜刀，我几年前写了一篇文章，附在这里有利于对这一情结的理解。这篇文章的题目是《最后一步就是去找菜刀》：

我 22 岁就结束了学生生活，开始爸爸所说的“闯荡江湖”。“闯荡江湖”这个词爸爸很喜欢说，这让我的生存状态听起来仿佛有种美感，类似于林冲夜奔的那种美感。以前我总怀疑爸喜欢美化和夸张自己的生存状态，当然那时候只是怀疑，毕竟我没经历过他那年代发生的事，但是自从他把“闯荡江湖”这词给了我，我就不怀疑了。这个词可以被周云蓬写进歌里，长发宛如战旗在飘扬啦，背着自己的墓碑走遍四方啦，每次听我都心潮澎湃，仿佛是在说自己似的。

我不肯回家，而且我非常理解这事，人年轻的时候都是不喜欢回家的，我觉得自己还很年轻。有一段时间我觉得熬不住了，那时候菜刀的拉萨河客栈刚开张。大家都说想去西藏，到时候去就找菜刀。我以前从来没想过要去西藏，因为肺活量根本不行。其实我从来不相信哪里有什么精神家园，我觉得精神家园就在心里，根本不用找。

我是学旅游管理的，自从学了这门“学问”，我就对旅游特别没好感，去蒙古、去新疆、去西藏，都不过是某种拉动经济增长的行为。当然我是拉不动的，我没钱。就像西湖边一块巨大的丑陋的水泥做的假石头，有无数人在它旁边照相，因为上面写了“杭州西湖”四个字，带回去可以证明自己来过西湖。没有人去拍什么断桥残雪，冬天西湖不好玩，而且断桥也不好看，拍回去可能别人觉得那不是杭州的断桥——这就是旅游，一种大家都在赶的时髦。

就像乱七八糟的人都在聊佛学，连我都在好奇心驱使下看了两眼《金刚经》，可是我不做佛教徒，我知道自己根本就不配，做不到——可是写下三烂的风月小说（注意：我说的是写下三烂风月小说，不是特指风月小说）的人都穿上佛学的外衣忽悠人了。

我却想去西藏了，我想去找菜刀，求他在拉萨河客栈给我个打工的机会，我不要工钱，我只要有饭吃有床睡，能让我继续活着、继续胡思乱想走火入魔。后来我熬过了那一次。我对自己说熬不住了，最后一步是去找菜刀。

小时侯看过一个香港的武打片，一对人在江湖身不由己的兄弟相约有一天去一个没人的地方放羊。结局是人死了，羊没放成。我当时就一直遗憾，既然志在放羊，干吗在江湖纠缠不清？现在想想就明白了，还是觉得自己年轻吧，觉得放羊是老年人比较适合的职业。只是，为自己想好了最后一步，之前的路就可以走得特别无畏。

（写于 2007 年，当时已经和老公谈了三年恋爱。）

以上就是梦女邮件的内容。我们看到，这一晚分为三个梦，每个梦都有一个次主题，而所有的次主题其实都围绕着一个主题而产生的。下面我们来分析。

【第一个梦】革命歌曲

这个梦的情节比较简单，就是一个教室里有一群人在听两个老师讲课，台下的人都很不靠谱，还有人提着一台老式的卡带录音机，不间断地播放着革命歌曲。而老师呢，明知道下面的人没有认真听，但也是睁一只眼闭一只眼，只要不过分就行。最后革命歌曲响起来的时候，就是下课的时候了。

这个梦有非常明显的寓意，那就是对牛弹琴或者是鸡同鸭讲，讲些什么呢？梦境通过老式卡带录音机播放革命歌曲来象征所讲的内容：首先是老套的，其次是唱高调。对于梦境来说，讲的人莫名其妙，听得人也是晕晕乎乎，整个的感觉有一种“以其昏昏使人昭昭”的感觉。这正是梦女对婚宴和喜糖一事的自我认知，梦女明明知道自己所要求的一切都是“老套的”而且是“形式上的”，并不具备实质的意义，即使跟老公抱怨的时候，也知道自己说得都是废话，老公也不一定能够听得进去，而自己所要求的其实也不一定正确。但是，对于一个女人来说，骨子里的潜意识还是很在乎这样的“老套”和“形式”的，所以，在梦女清楚地认知到自己的这种心理和行为之后，仍然摆脱不了女性骨子里的这种“原始的”追求，从而产生了这一个梦境。

梦境有趣的是，当革命歌曲响起的时候，就是下课铃声，这其实也暗喻着梦女所有的这一些想法都没有用了，因为一切都已经game over（游戏结束）——婚礼也好，婚宴也好。

【第二个梦】各种尸体

这一段梦境很有意思，有两层含义。第一层含义是梦女对人们盲目追求精神世界的感叹，这在梦女几年前所写的那篇《最后一步就是去找菜刀》文章中表现得淋漓尽致。在这篇文章中，梦女提到了精神家园、为赶时髦而旅游、穿上佛学外衣的风月小说作者，这与梦境中被“动物们”疯抢的垃圾和腐尸一脉相承，表达了对人类精神追求的反思，也是梦女对自己精神追求的反思。这说明梦女极具自我批评精神，因为婚宴和喜糖的事情，梦女在反思自己的追求是否正确，因此她想到了更广泛的人类对精神世界追求的某种虚无，从而以此对照自己进行自我反思和批判。

结果是怎样的呢？梦境的最后一句揭示了结果——“这具尸体好像既是我的本钱，也是我的秘密。”在梦女看来，自己的这种追求和要求似乎并不合理，然而，它却是自己内心真实存在的想法和需求，即使它再“腐朽陈旧”，也是自己内心存在的东西。它就像隐藏在内心的一个秘密，既见不得人却又不可或缺。

第二层含义则是针对老公的，因为在梦女多次要求之下，老公仍然懒得下去买喜糖，这一定让梦女内心十分愤懑。我们知道，人在愤懑的时候可以把愤懑的对象想象成任何样子和角色，因此，这一段梦境可能表达了梦女对老公的愤懑之情。

【第三个梦】逃往西藏

如果说第二个梦表达了一种反思的话，那么，这个梦表达的就是一种方向和出路，梦女需要精神的救赎，帮助自己能够走出来。而在国人的精神世界中，西藏就是一个符号，一个令人神往的精神世界圣地。何况，梦女还有一个好友菜刀已经用自己的行动践行了对这一精神世界的追求。

在人情绪低落的时候，就会有一种抛下一切去寻找精神世界的冲动。因此，在出现婚宴和喜糖这一不满事件之后，梦女就在梦境中开始了自己的精神之旅。

室友圆圆的出现是因为她是梦女与老公的介绍人。菜刀的出现当然是因为他是西藏精神世界的践行者，这曾经吸引着梦女想在某一天像他那样去追求自己的精神世界。关于帐篷问题的探讨既是梦女的一种自怜情怀，觉得自己会比他更苦，也更是梦女在愤懑情绪下的一种冲动。主编的出现也是因为她问过梦女喜糖的事情。而“然后我就到了西藏，遇到很多以前的朋友，大家聚在一起玩，特别高兴”，则是梦女对美好精神生活的向往以及愿望的达成。

最后，突然起火了，而且火势凶猛，在梦女还没有来得及的情况下，“火忽然一下蹿了起来，把半张床都烧起来了”，这当然是梦女临睡前情绪的再现。因为当晚的情况是这样的：“和老公说买喜糖这事让我很难受，老公要解释，我说别解释了，越解释我越难受，睡觉！憋了一肚子气睡的。”

因此，这一晚上的梦，虽然是因婚宴和喜糖的事情引起的，但是，已经不止于此了。梦女对这一问题进行了更为广泛和深入的思考，并且深入到了人类精神世界的领域，表达了梦女对现实与精神冲突的思考和理解。

这个婚姻应激的系列梦到此就结束了，但是我想，我们对于此的思考远没有结束。无论是身处其中的人，还是置身事外的人，又有几个人对这个问题有透彻的了解呢？婚姻对于我们的意义，以及婚礼和婚宴作为一种形式对于婚姻的意义，我们又能理解多少呢？

七 七情

——职场上流言飞语的情绪困惑

职场就是江湖，江湖有传说，职场就有流言，当关于你的流言满天飞的时候，你会怎么办？你会惊恐、愤怒、沮丧还是漠然？这可能取决于流言的性质和你的处事态度。但是，对于一个涉世未深的职场新丁来说，流言飞语的伤害又有多大呢？

1. 序——七情制胜

众所周知，人有七情六欲。但是很多人不知道，其实梦境反映的绝大部分内容，就是这个七情六欲。

到底什么是七情六欲呢？所谓七情，是指人类的情绪，是人对外部环境和客观事物的态度、体验及相应的身心变化，是一种被动式的反应，由我们的交感神经系统所控制。平时我们常说的“惊恐怒喜悲思忧”说的就是这个七情。那么，是不是意味着人类只有这七种情绪反应呢？不是，这只是一种通说，人类情绪系统丰富多彩，岂止这七种情绪可以代表？只不过这七种是主要的情绪种类，因此是以七概全。

所谓六欲，是指人类的欲望，是以我们的五官为媒介的内心欲求，是心灵通过我们与外部的通道如视觉、听觉、味觉、嗅觉和触觉渴望获得更多更大满足的贪念。有人说了，不是说六欲吗？怎么只有五个，还有一个呢？还有一个就是人生最大也是最无法抗拒和逾越的欲望——情欲。但是，人类的欲望也不是这六欲所能够囊括的，这六欲只是主要的欲望，代表人类所有的欲望。

我们看到，前面说到七情，说的是人类的情绪；后面说到六欲，说的是人类的欲望。那么，情绪与欲望之间到底有什么区别呢？我们可以这样来区别。

情绪是一种心灵对外界环境变化的直接反应，是一种简单的反馈，是一种被动的反馈，可以称为应激。应激所造成的反应是直接的和即时的。一般而言，情绪针对的是过去式。

而欲望呢？是心灵对外界反应的一种心理动力，是一种经过刺激之后的主动的系统反馈，其反应是间接的和延时的，却是持续的和能量巨大的。

欲望就是一种永不满足、贪得无厌的心灵和肉体追求，所以，欲望是一种将来式。

知道了情绪和欲望之间的区别，有助于我们分析梦境。因为情绪和欲望有很多相同的表现形式，比如，焦虑可以是针对已经发生的事件的，这就是一种情绪；也有可能是针对未来某种可能的事件的，这就是一种由欲望未满足造成的心理压力。知道了这种区别，有利于我们找到梦境真实的源头。

我们大部分人的梦境，都是某种情绪或者欲望的展现，有时候在一个梦境里表达一种或者几种情绪，有时候通过不同的梦境表达相同的情绪。

然而，针对某一特定事件，人类的情绪反应是固定的吗？其实不然，针对某一特定事件，每个人的反应都会有些不同，都会带有某种个人特征，如针对亲人的去世，虽然我们都会有悲伤的情绪反应，但是，人与人之间的反应会有所不同。即使对同一事件的原发反应是相同的，在事件之后的继发反应，则会呈现出许多的不同，并且会发生情绪转移和转换的情况，这就是我国传统中医所说的“七情制胜”原理。

所谓“七情制胜”是传统中医根据五行相生相克原理总结出来的“以情制情”法则。其基本原理是人类的情绪不是固定的，而是流动的，会从一种情绪流向另外一个情绪，即喜生悲思，悲思生忧，忧生惊恐，惊恐生怒，怒生喜。这句话的意思是：我们如果高兴过度就会产生悲伤的情绪，即乐极生悲；如果悲思过度则会产生忧虑的情绪，而过于忧虑则容易产生惊恐的情绪，容易草木皆兵；而处于惊恐状态的人是很容易产生愤怒的情绪的，而愤怒过度有时候又会产生喜悦情绪，即转怒为喜。

传统中医根据人类情绪的这种变化，总结出一套“情志相胜”的方法来治疗人类的情绪困扰问题，这就是“七情相胜法”。基本的原理是运用五行所代表的人体不同腑脏，而不同腑脏又影响不同的情绪状态的原理，再根据五行相生相克的原理，制定出情绪相生相克的路径。这一路径是：喜胜忧、忧胜怒、怒胜悲思、悲思胜惊恐、惊恐胜喜，七情就是这样相克的。

这一原理说明的是情绪之间的自然转换，而如果运用到治疗上来的话，就是运用这种情绪之间转化的基本原理进行人为干预，从而引导个体的情绪流向和当量，不要造成情绪郁结，从而消除或者减轻负面情绪对人的伤害，让人的情绪恢复正常。

这样的梦例发生过很多次，但是，如果不知道七情制胜的基本原理，就不能有效地分析梦境。比如，有些梦女做了很悲伤的梦境，但是，探寻现实生活中却怎么也找不出令她悲伤的事情来，这往往会让解梦师茫然不知所措。其实，如果知道七情制胜的基本原理，就很容易将这样的梦境解出来——因为喜生悲思，梦女是因为过度喜悦从而导致在梦境中出现悲伤情绪。同样的道理，如果梦境中出现担忧的情绪，我们除了要在现实中寻找令她担忧的线索之外，还要寻找令她悲伤或者思虑的线索。如果梦境中出现惊恐的情绪，并不表明现实中一定有惊恐的事件发生，而有可能是由于担忧过度所致；同样，梦境中出现的愤怒情绪，也不一定是由愤怒的事件导致的，而有可能是由于出现了惊恐的事件；最令人匪夷所思的恐怕是，如果梦境中出现喜悦的情绪，竟然有可能是愤怒所致——这就是七情制胜的基本原理，也是人类情绪转换的基本路径。

了解了七情制胜的基本原理，我们就来看一看下面这个因为职场上的流言飞语导致的系列梦境，看看人类情绪的转移途径是如何令人惊奇地在梦女整个经历中体现的。

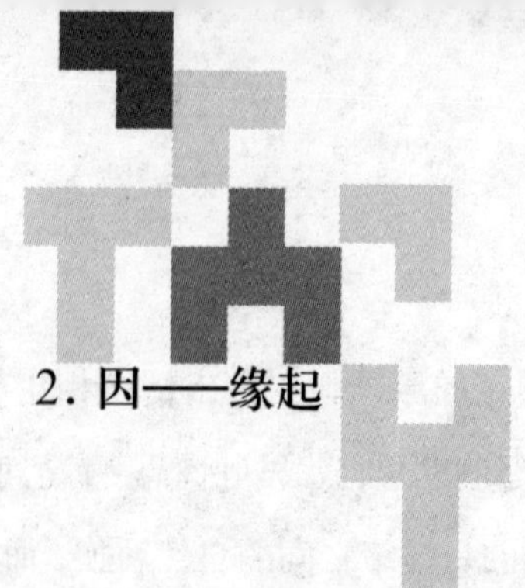

2. 因——缘起

一位涉世未深的职场新丁在几天之内做了一系列的梦境，她将这些梦发给我，希望我能帮她解梦。下面是梦境的内容。

梦开始的时候是和家人一起去旅游，大概一行十几人。其中记得比较清楚的是妈妈、我的一个表姐，其他的人物不是很清晰，但是知道都是家里的人。这次旅行是一个自助行，没有跟旅行社的那种。我们看到前面有一条黑黑的河，蜿蜒的，河水又黑又脏，但是我们要走过去。我们好像喝了那个河里的水，这时候，好像是我姐在说："你又娇气、又任性，不会喝这么又黑又脏的水的。"但是我感觉到自己确实喝了，觉得很难受。然后，我们就步行去找吃饭的地方。

这时，我姐找到了一个农家乐一样的餐厅，她在门口准备选食材，这时，她看到地上有一条蛇，很粗。她就蹲下来开始用小手帕给蛇擦拭身上的尘土，我就站在边上看。我看到那条蛇是有表情的，好像带着点委屈还是哀怨的感觉，它看着我，让我也心生不忍。但是，这时，我就想：它是一条蛇呀，不会咬我姐姐吧？我看到农家乐餐厅的老板也坐在门口的木制椅子上看着周围的一切事情，我就问他："这条蛇会不会咬人呀？"农家乐老板就说："你没有看到它的牙齿已经被拔掉了吗，它是不会再咬人了。"然后，我就看着，姐姐就在一直给它擦拭身上的尘土。这时，妈妈说话了，说："还是不要在这一家饭店吃饭了。要换别家去吃。"我姐就把那条蛇用个布袋子装起来，带走了。

接着我们就走到另外一家餐厅，点了菜，在座位上等着吃饭。老板娘端了一盘烤乳鸽出来，我看到那个乳鸽明明是烤得红红的，但是它的头却在动。妈妈也看到了，就和老板娘理论，说：“这还是活的，要怎么吃？”老板娘就和我妈妈起了争执，说：“不可能是活的，明明是熟的。”在她们争执的时候，我也确实看到乳鸽是在动的（而且那个乳鸽是小小的）。争执一番之后，我妈后来就说要把这个事情录下来，作为证据，好像还是要想办法追究这饭店老板娘的责任。梦到这里好像就结束了。

接着天就亮了，我就听到哥哥在起床，准备去上班了。半梦半醒间，我看到哥哥穿的上衣是衬衫配领带，可是裤子却是睡裤，我就说他怎么可以穿着睡裤去上班呢？然后，看到我家的门除了防盗门，其他的门也全部是开着的，我就害怕，心想：我还在睡觉呢，你怎么不关门呀？这时就真的醒了，看到所有的门其实都是关好的，我哥的睡衣睡裤也乱扔在沙发上，所以应该也不是穿着睡裤去上班的。

第二天晚上又接着做梦，有意思的是，这个梦是接着前一天晚上的梦往下做的。梦里我们还是在旅行，还是这一行十几人。我们接着再往前走，走到一个山前面的时候，大家都停下来休息了，好像是觉得前方已经没有路可以走了。在大家都坐着休息的时候，我就一个人往前走了，走进山里之后，我发现前面是豁然开朗，另有一番天地！有峻峭的山和美极了的瀑布群。我一个人在这里玩了一会儿后，就站在一个最高的山顶上，有一种一览众山小的感觉。看到这里有这么美的风景我就准备出去叫其他的家人也过来玩。

但是，由于我是在一个很高的山上，要出去好像还蛮不容易的，并且周围好像是那种很险峻的山和悬崖峭壁。然后我就发现不远处有几个游人在玩滑滑梯，那个滑梯好高好高的，是我见过的最高的滑梯，是可以从山顶滑到山下去的。我就坐上滑梯往下滑，往下滑的过程中我好开心呀，发现滑道上还有水，我就边玩水边滑，一会儿就到山下了。

到山下之后，我就去找我的家人们，让他们和我一起过来玩，我带他们过来之后，发现里面的世界好像变成了欢乐谷的样子。我们就在门口吃饭，这时候人物比较清楚，出现的是我四姨、我堂姐和她的宝宝。最疼爱我的四姨在喂我吃饭，并且像以前一样，让我坐在她的腿上。感觉很温暖、很温馨，好像是回到了小时候。

然后我们就看到四姨父也从一个花坛边走了出来。于是我们准备进去，但是要买门票才能进去，而我和我四姨好像是不用买门票的。我就看到堂姐去买她和四姨父的门票了，而她的宝宝这会儿竟然可以自己站在花坛旁边。然后我们就进去了，刚一进去，四姨父就买了一把竹制的椅子，看起来还蛮大的，说："有了这个椅子，你们累的时候就可以休息一下。"然后四姨就骂他说："里面还有好多卖这个椅子的，你干吗现在买呀，拿着多累呀！"然后四姨父就说："这个椅子是可以折叠起来的。"于是接着往前走了，后面就记不清楚了。

最后似乎有一个小梦，梦到我的包包里有糖果。但是我哥非要看我的包，我不想给他看到我包包里的糖果，就一直抱着包包不敢放手！因为好像知道他看到糖果，会骂我一顿。

这就是梦女所做的全部梦境，下面我们来看，这些梦境是如何在"惊恐怒喜悲思忧"七情之间按照其自身的规律进行转换的。

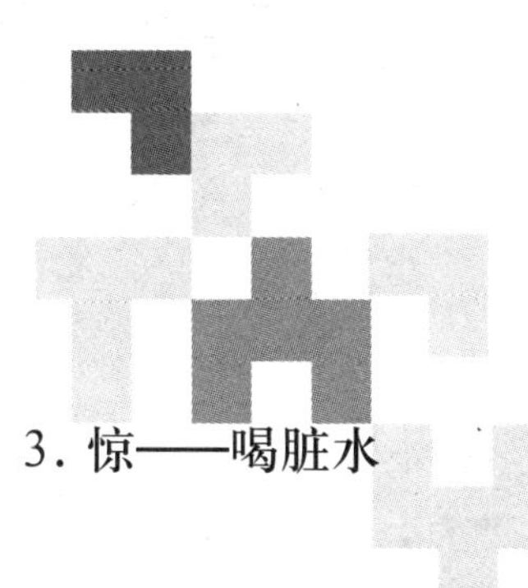

3. 惊——喝脏水

【梦境一】

梦开始的时候是和家人一起去旅游，大概一行十几人。其中记得比较清楚是有妈妈、我的一个表姐，其他的人物不是很清晰，但是知道都是家里的人。这次旅行是一个自助行，没有跟旅行社的那种。我们看到前面有一条黑黑的河，蜿蜒的，河水又黑又脏，但是我们要走过去。我们好像喝了那个河里的水，这时候，好像是我姐在说："你又娇气、又任性，不会喝这么又黑又脏的水的。"但是我感觉到自己确实喝了，觉得很难受。然后，我们就步行去找吃饭的地方。

这就是梦境的第一段，我们来看看这一段梦境想要表达什么主题。

梦境的一开始是一家人出去旅游——一行十几个人，有妈妈、我的一个表姐，其他的人物不是很清晰，但是知道都是家里的人。

一般而言，人在两种情况下会梦见自己的家人。

一种是当事人感觉到很开心和很安定的情况下，这时候梦境中家人的出现意味着在做梦者目前的心理状态就像跟家人在一起一样舒心惬意。

另一种情况正好相反，是当一个人受惊失去安全感的时候。这时梦境中家人的出现就是做梦者寻找心灵寄托的体现，希望通过家人的出现，获得安全感、安慰、心灵能量，从而让自己的心灵得到安静。

因此，在这里，家人的出现到底是哪一种原因，我们不得而知，只能继续往下看。

接下来的梦境是涉脏水——看到前面有一条黑黑的河，蜿蜒的，河水又黑又脏，但是我们要走过去。

这段梦境的出现就为上一段梦境提供了答案。“又黑又脏河水”的梦境情节肯定不会是一件什么好的事情，这时候家人的出现一定是表示寻求支持，说明梦女遇到了什么麻烦的事情需要获得心灵的力量。“但是我们要走过去”意味着这件事情无法逃避，必须面对和解决。但是，梦女可能觉得自己内心的力量不够强大，因此，需要通过潜意识中家人的出现来为自己获得力量。

再接下来的梦境是喝脏水——“我们好像喝了那个河里的水，这时候，好像是我姐在说：‘你又娇气、又任性，不会喝这么又黑又脏的水的。’但是我感觉到自己确实喝了，觉得很难受。然后，我们就步行去找吃饭的地方。”

这一段挺有意思的，梦女觉得自己按照常理是不会喝这些脏水的，但是事实上却是真的喝了。这一方面表达了一种匪夷所思的情绪，另一方面表达了一种不甘心的情愿，还表达了一种难受的感受。

因此，整个这一段梦境我们可以这样来理解，梦女遇到了一件无法言说的麻烦事（又黑又脏的河水），而且这件事情似乎是还被人泼了脏水（喝了脏水），有口难辩或者说跳进黄河也洗不清（因为河水本身又黑又脏）。但是这件事情梦女必须面对和解决（必须走过河去），因此，梦女希望获得心灵的力量，帮助自己渡过难关（十几个家里人浩浩荡荡的出现）。

根据这一逻辑，我们可以将这一段梦境的主题定为“惊”，因为梦女遇到了令自己像“喝脏水”般难以接受的事情。这是一件令她不知所措的事情，梦女觉得害怕，希望获得支持。

那么，是什么事情令梦女如此害怕呢？一定是一件让梦女受惊的事，而且，这一事情应该还与职场有关，因为最后大家是去找饭店吃饭，意味着这件事情与“饭碗”有关。因此，当我将这一分析结果告诉梦女时，梦女跟我说了一件最近发生的事情。

梦女告诉我，做梦的当天，她的上司找她去谈话，刚开始东扯西拉了一会儿，然后就切入了主题——原来上司怀疑她和公司里一个人关系不正常，有暧昧关系。上司谈话的目的似乎是想逼她就范，要她承认，而且让梦女觉得这里面似乎还有什么公司的政治阴谋。

这种谈话令梦女匪夷所思，非常意外，而且谈论的主题竟然是这种事情，让她羞愧难当。虽然上司在谈话时很注意技巧，用的是暗示和引导的语气，但是梦女却觉得上司整个谈话的腔调就是要她承认本来不存在的事实——上司的事实是她经常去那个人的办公室，而且两人还经常关着房门在里面密谈，不是关系暧昧是什么？

这种证据和解释令梦女觉得难以承受，如同被人泼了脏水一样。梦女当然竭力否认，因为这不是事实。但是，在这摊浑水中，梦女却又觉得有口难辩，因为也无法证明自己是清白的。

当天谈完话后，梦女整个脑子都是嗡嗡的。面对这突如其来的事件，梦女一下子惊呆了，不知所措，也无法找人诉说，甚至也不知道是否要告诉这个事件的另一个当事人——因为她担心这会给他带来困扰和愤怒。

我们看到，这一事件与梦境的情节是吻合的。这一突如其来的事件对于梦女来说就如同一条又黑又脏洗不清的河流，梦女已经置身其中，而且还无法逃避和后退，只能面对。这一事件对于梦女来说就如同被人泼脏水一样，对于梦女这种一贯以来娇蛮任性的人来说不仅是五雷轰顶，简直将她给轰晕了。

我估计梦女平时的娇蛮任性应该是在一个受保护的范围内的，应该不会涉及社会的险恶面。而现在，突然出现这种破坏自己名誉的事情，令一贯娇蛮任性的梦女有一种受惊的感觉，从而突然间不知所措了，有口难辩——因为梦女告诉我，其实她还没有真正恋爱过。

因此，在这样的情况下，梦女自然就在梦境中梦到了大家族十几个人浩浩荡荡的队伍，这些家人的出现都是梦女精神的力量。但正是因为这些家人的出现，表达了梦女内心深处的惊恐——这一段梦境表达的正是这一惊恐心理的主题。

我们看到，梦境的第一段是整个情绪波动的起始，是梦女受惊后的梦境反映。那么，人在受惊之后，如果没有其他外力的影响，我们的情绪会朝哪个方向发展呢？根据七情制胜的基本原理，情绪有可能朝两个方向发展：

一个是顺延的方向，也就是说如果负面情绪过于强大，我们无法控制，那么，它就有可能向下一个情绪方向自然延伸。根据惊恐生怒的原理，如果惊恐过度的话，则有可能产生愤怒的情绪。

还有一个是克制的方向，也就是说，如果人的理智足够强大，我们会自然产生出克制负面情绪的情绪来克制它，从而不令其泛滥。那么，根据七情制胜的原理，这个情绪应该是悲或者思，因为悲思胜惊恐。

下面我们就来看看，梦女的情绪到底往哪个方向发展。

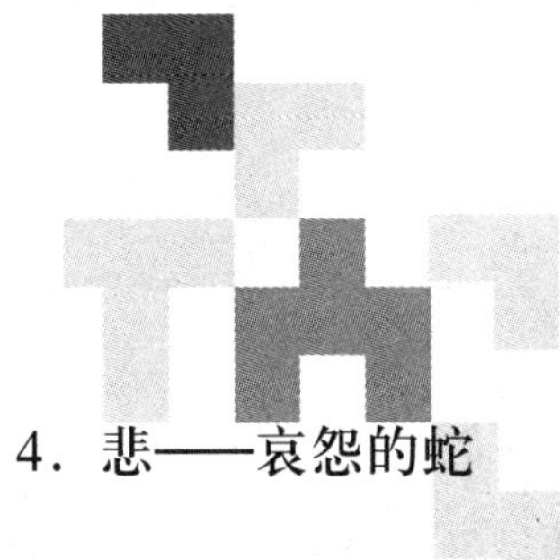

4. 悲——哀怨的蛇

【梦境二】

这时，我姐找到了一个农家乐一样的餐厅，她在门口准备选食材，这时，她看到地上有一条蛇，很粗。她就蹲下来开始用小手帕给蛇擦拭身上的尘土，我就站在边上看。我看到那条蛇是有表情的，好像带着点委屈还是哀怨的感觉，它看着我，让我也心生不忍。但是，这时，我就想：它是一条蛇呀，不会咬我姐姐吧？我看到农家乐餐厅的老板也坐在门口的木制椅子上看着周围的一切事情，我就问他："这条蛇会不会咬人呀？"农家乐老板就说："你没有看到它的牙齿已经被拔掉了吗，它是不会再咬人了。"然后，我就看着，姐姐就在一直给它擦拭身上的尘土。这时，妈妈说话了，说："还是不要在这一家饭店吃饭了。要换别家去吃。"我姐就把那条蛇用个布袋子装起来，带走了。

我们来看这段梦境到底表达了什么含义。

首先是梦女一家到了一个农家乐。农家乐是一个让人开心和放松的地方，因此这表明了梦女希望逃避这件事的潜意识想法，希望换一个环境，一家人其乐融融，这一恐惧事件似乎就不存在了。

然而，意识想要摆脱，潜意识却不答应，因为我们可以控制自己的意识，却无法控制自己的潜意识——潜意识总是真实记录自己的心灵感受。所以，在这个时候，一条蛇不合时宜地出现了。

从文化的含义上来说，蛇代表冷血、狡猾和阴毒，这跟整个事件的情况有点像。我们不排除在梦女内心深处会认为找自己谈话的上司怀着阴险狠毒的想法，似乎是想利用自己达到他的险恶目的，这一解释似乎合情合理。

但是，接下来的情节似乎不支持这样的解释——“她（表姐）就蹲下来开始用小手帕给蛇擦拭身上的尘土，我就站在边上看。我看到那条蛇是有表情的，好像带着点委屈还是哀怨的感觉，它看着我，让我也心生不忍。”我们看到，这是一条可怜的蛇，浑身沾满尘土，表情带着委屈和哀怨——这不正是梦女自身活生生的写照吗？梦女被人泼了脏水，那是“蒙尘”，所以既委屈又哀怨。

因此，这里的蛇，与其说是一条真正的蛇，还不如说是一面镜子，一面反映梦女内心的镜子。也就是说，这时候出现的可以是一条蛇，也可以是一只狗或者一只鸡，是什么并不重要，但是这时候出现的任何动物一定是浑身蒙尘，表情委屈哀怨的——因为这是梦女内心的镜像。

“它看着我，让我也心生不忍”，这是一种自怜的情怀。不仅如此，接下来的梦境更进一步表达了梦女的这种自怜情怀。

接下来的梦境是这样的——“但是，这时，我就想：它是一条蛇呀，不会咬我姐姐吧？我看到农家乐餐厅的老板也坐在门口的木制椅子上看着周围的一切事情，我就问他：‘这条蛇会不会咬人呀？’农家乐老板就说：‘你没有看到它的牙齿已经被拔掉了吗，它是不会再咬人了。’”这是一向娇蛮任性的梦女对自我的一种认知，觉得自己就像一条被人拔掉牙齿的蛇一样。虽然平时似乎很凶狠，但是，现在却只能沦落成盘中餐了——只能成为公司政治斗争的盘中餐了。

看来这一事件对梦女的打击确实很大，让梦女对自我的形象和定位都发生了改变，导致了强烈的负面认知——蛇的身上沾满了尘土，这具备蒙尘和蒙羞的象征意义；它的表情带着点委屈还是哀怨的感觉，这正是自身的感受；蛇的牙被拔掉，正是自身的写照。

这时候，梦女多么需要人的保护和安慰啊！而梦境正顺应了这样的心境——“这时，妈妈说话了，说：‘还是不要在这一家饭店吃饭了。要换别家去吃。’”我姐就把那条蛇用个布袋子装起来带走了。”通过这段梦境，梦女的心灵获得了拯救，因为蛇并没有成为农家乐的盘中餐，而是被姐姐用布袋子装起来，带走了——被保护起来了——这是梦女内心渴求保护的期望。

因此，根据这一段梦境的表述，我们可以看到，表达的是梦女悲伤的心情，是梦女从惊恐的情绪中脱离出来之后，想到自己这样无缘无故地被扯进浑水中的自悲情怀。觉得自己蒙尘（蒙羞）了，被人打掉牙还得往肚里吞，往日的娇蛮任性全部没了，只能成为任人宰割的盘中餐了。梦女不甘就此罢休，渴望被保护。

这一受惊事件虽然对梦女来说很突然，但是似乎并没有完全打垮她，因为她自身产生出来了另一种情绪来对抗这一负面情绪，这一情绪就是悲怜或者悲伤的情绪，这符合七情制胜基本原理中的悲思胜惊恐。也就是说，梦女在无意识中产生出悲怜的情绪来驱散受惊的情绪，从而让自己能够安定下来。因为惊则气乱，在受惊之后首要的任务是将散乱的心气收拢回来，而能够最有效地做到这一点的就是“悲思”的情绪，因为“悲则气消，思则气结”，这两种情绪都能够有效地抵抗惊恐导致的气散，其实就是让人能够定下神来。

在定下神来之后，按照七情制胜的基本原理，应该用另一种情绪来消除悲思的情绪，这一情绪就是怒——因为怒胜悲思。那么，我们来看看，梦女接下来的梦境是不是跟怒有关。

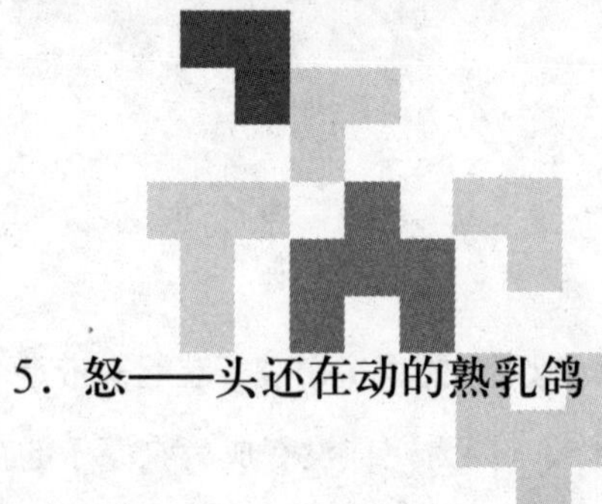

5．怒——头还在动的熟乳鸽

【梦境三】

接着我们就走到另外一家餐厅，点了菜，在座位上等着吃饭。老板娘端了一盘烤乳鸽出来，我看到那个乳鸽明明是烤得红红的，但是它的头却在动。妈妈也看到了，就和老板娘理论，说："这还是活的，要怎么吃？"老板娘就和我妈妈起了争执，说："不可能是活的，明明是熟的。"在她们争执的时候，我也确实看到乳鸽是在动的（而且那个乳鸽是小小的）。在争执一番之后，我妈后来就说要把这个事情录下来，作为证据，好像还是要想办法追究这饭店老板娘的责任。梦到这里好像就结束了。

蛇换成乳鸽了，这个乳鸽一定不是梦女的写照。一只乳鸽浑身烤得红红的了，但是头却在动，这样的烤乳鸽确实没有看到过。不过我知道鱼有这种做法，就是盘子上来的时候，鱼身子已经煮得香喷喷的了，但是鱼头却是生的，鱼嘴还在一张一合地动——这道菜有点残忍，但是好像有一个非常好听的名字，可惜我忘记了。

当然，这都是题外话，跟梦境无关。梦境出现这样的情节，并不是想要强调乳鸽特别的象征意义，也不是想要强调这道菜的特殊性，而似乎是想强调这样一个主题——货不对板，活的说成死的或者说歪曲事实。

"乳鸽明明是烤得红红的，但是它的头却在动"，于是发生了妈妈与老板娘的辩论。这一段其实是梦女心中想要说的话，因为梦女觉得上司的谈话就是歪曲事实，她想跟他辩论，但是，她的胆子又太小了，不敢开口。因此，我们看到在梦境中，梦女搬出了救兵——自己的母亲出来帮自己辩论，这就是一种获得心理支持的愿望满足。

梦女一定还想到，上司这样没有证据地来说自己是不对的，或者说，她想到要用证据来证明自己的清白。因此，在梦境中就出现了要“把这个事情录下来，作为证据”的情节。这一段梦境表达的是梦女一种愤怒的情绪，一种内心的争辩。“老虎不发威，你以为是病猫啊”，狗急了要跳墙，兔子逼急了也会咬人，正是这一状态的真实写照。

由于梦女年龄太小，社会阅历也很浅，还是没有这个勇气来做这个事情，但是并不代表内心没有愤怒，没有这种争辩的冲动。因此搬出母亲来壮胆，还表达了要追究责任的意愿——梦女希望为自己平反昭雪。

所以，在梦境中，通过母亲出面，为自己出了一口气，并且还保留了追究责任的权利——这就有了那种出了一口恶气之后“哼”的感觉。

这就是这一段梦境的主题——怒。

我们看到，这一段梦境所表现出来的情绪，完全符合七情制胜中情绪相克发展的路径。通过愤怒情绪的表达，来消除悲伤情绪的影响，因为“怒则气上”，至少把气能够重新聚起来——人是不能没有气的，在这个时候，“怒”能够起到聚气的重要作用，虽然“怒”也不是一种正面情绪，但是，收拾受惊的心情，聚集消散和郁结的“生气”在这个时候尤为重要。潜意识自然地遵循了情绪发展的自然路径，确实令人称奇。

按照七情制胜的基本原理，下一步应该发展到忧了，因为“忧胜怒”“忧则气压”。我们知道，“怒则气上”，如果任由这一股怒火攻心，则对心有伤害，因此，通过忧虑来减轻怒火，从而令气压下来。

我们来看看，梦境的发展是不是这样。

6．忧——穿着睡裤去上班

前面的梦境似乎结束了，到这里，梦女觉得自己醒来了。那么，醒来之后发生了什么事情呢？我们往下看。

【梦境四】

接着天就亮了，我就听到哥哥在起床，准备去上班了。半梦半醒间，我看到哥哥穿的上衣是衬衫配领带，可是裤子却是睡裤，我就想他怎么可以穿着睡裤去上班呢？然后，看到我家的门除了防盗门，其他的门也全部是开着的，我就有点怕怕的，心想：我还在睡觉呢，你怎么不关门呀？就吓醒了。这时候才发现自己是真的醒了，看到所有的门其实都是关好的，我哥的睡衣睡裤也乱扔在沙发上，所以应该也不是穿着睡裤去上班的。

我们看到，在经历了惊恐、悲伤和愤怒的情绪之后，梦女的情绪进入了第四个阶段——忧。从整体来看，梦女其实是睡着的，但是在梦境中自己却觉得是醒来了，这说明睡眠时的不安定，而这正是一种担忧的情绪。

然后，梦女又看到哥哥上面穿衬衫打领带，下面却穿着睡裤去上班了，这让梦女觉得很惊讶，怎么会这样呢？接下来的事情更加可怕，那就是梦女发现除了防盗门之外，家里的门都是开着的，我想这应该包括户门，也就是说外面的人都可以看见里面。而梦女正在睡觉，这就令梦女有一种强烈的不安全感，从而产生担忧心理，最后终于被这种不安全感惊醒了。

这时候梦女才发现自己原来还是在梦境之中，由此可见梦女担忧的程度，到了睡眠不能安定、草木皆兵的地步了。

所以，这一段梦境表达的是一种安全感失去之后的担忧。因为上司的谈话，让梦女心神不宁，原有的稳定平静的心态被打乱了，变得终日惶恐不安。

虽然最后梦女醒来之后，看到所有的门其实都是关好的，哥哥也不是穿着睡衣去上班的。但是，这种心理影响已经存在于梦女的心灵深处了。

因此，这一段梦境的主题就是——忧。

有意思的是，梦境的发展完全符合了七情制胜的情绪原理。在这里，梦女自然而然地出现了担忧的情绪，而且似乎是在半梦半醒之中出现的。这种担忧的情绪，能够有效地分散愤怒情绪对心理的影响，从而令气压下来。

按照七情制胜的原理，下一步情绪的发展应该是“喜”了，因为“喜胜忧”“喜则气缓”。喜悦的情绪能够令已经压下来的担忧的情绪更加缓和，从而令负面的能量散开减轻，让情绪得到有效的恢复。

下面我们来看，梦境是不是按照这种路径走的。

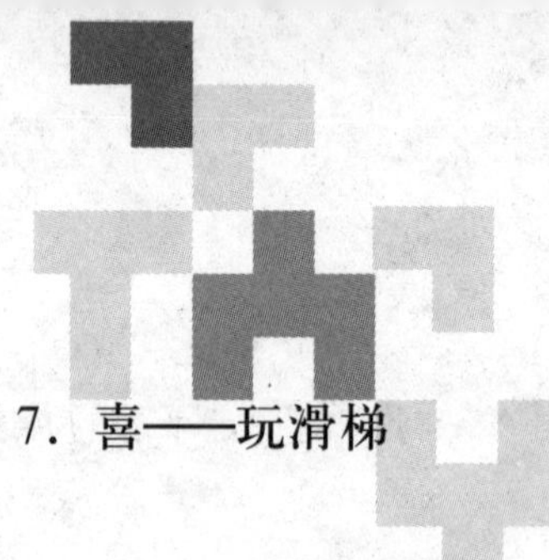

7. 喜——玩滑梯

上面的梦境都是在上司找梦女谈完话之后当天做的，而梦女告诉我们，下面的梦境则是在第二天晚上做的。我们来看这个梦。

【梦境五】

第二天晚上又接着做梦，有意思的是，这个梦是接着前一天晚上的梦往下做的。梦里我们还是在旅行，还是这一行十几人。我们接着再往前走，走到一个山前面的时候，大家都停下来休息了，好像是觉得前方已经没有路可以走了。在大家都坐着休息的时候，我就一个人往前走了，走进山里之后，我发现前面是豁然开朗，另有一番天地！有峻峭的山和美极了的瀑布群。我一个人在这里玩了一会儿后，就站在一个最高的山顶上，有一种一览众山小的感觉。看到这里有这么美的风景我就准备出去叫其他的家人也过来玩。

但是，由于我是在一个很高的山上，要出去好像还蛮不容易的，并且周围好像是那种很险峻的山和悬崖峭壁。然后我就发现不远处有几个游人在玩滑滑梯，那个滑梯好高好高的，是我见过的最高的滑梯，是可以从山顶滑到山下去的。我就坐上滑梯往下滑，往下滑的过程中我好开心呀，发现滑道上还有水，我就边玩水边滑，一会儿就到山下了。

到山下之后，我就去找我的家人们，让他们和我一起过来玩，我带他们过来之后，发现里面的世界好像变成了欢乐谷的样子。我们就在门口吃饭，这时候人物比较清楚，出现的是我四姨、我堂姐和她的宝宝。最疼爱我的四姨在喂我吃饭，并且像以前一样，让我坐在她的腿上。感觉很温暖、很温馨，好像是回到了小时候。

这个梦境有意思的一点是，前一天晚上做的梦，第二天还可以继续接着做下去，说明如果人的情绪沉浸在某种状态之中的话，梦境也是可以连续做下去的。

然而，这两天梦的整个基调都发生了改变，不仅是改变，而且是逆转。因为这个梦境完全由“惊、悲、怒、忧”的负面情绪转化成“喜”的正面情绪了，是一种一百八十度的大逆转。

为什么说这个梦境表达的主题是“喜”呢？我们来看这段梦境。

梦境的开头，就是一种“山穷水尽疑无路，柳暗花明又一村”的景象。因为梦里没路走了，梦女却发现了另一番天地，而且还有一种特别的感觉——“我站在一个最高的山顶上，有一种一览众山小的感觉”，这些反映了梦女情绪的变化。一定有什么事情发生了，改变了梦女的这种情绪。

因此，我必须再次与梦女交流，以了解在这短短的一天之中，到底发生了什么事情，令她的情绪发生了大逆转，不仅负面情绪一扫而光，而且还出现了喜悦的情绪。

梦女告诉我，那天早上惊醒之后，她躺在床上想了很久，觉得还是应该把这件事情告诉另一个当事人——就是上司怀疑自己跟他有暧昧关系的那个人——公司的一位年轻俊才。

当梦女满怀委屈地向他倾诉了这件不公平的事件后，出乎梦女意料之外的是，他听完并没有暴跳如雷，而是很平静地告诉她，别人有这种看法很正常，因为他们两人的关系确实很密切，比其他任何人的关系都要密切。但是，问题的本质是，只要他们自己心中坦荡，对于别人的猜疑，又有什么好烦恼的呢？

用这位年轻俊才的话说“这是庸人所无法理解的友情”——这个世俗的社会容不下异性之间的友情，他们无法想象两个关系密切的男女可以是一种非常纯粹和纯洁的友情。如果害怕别人的议论，两人就必须走远一点，放弃这种友情。但是，这样做，值得吗？如果觉得这种得来不易的友情是珍贵的，那么，承受一点别人的议论又有什么关系呢？只要内心信念坚定，是不用怕流言飞语的。

年轻俊才的这种淡定和对这个问题的看法，给了梦女极大的鼓舞，她被这种气场所震撼和感染，似乎一下子从一种狭窄的心态中解放出来，豁然开朗了。似乎这件事情对她来说已经不是一件值得忧虑的事情了。

原来是这样，看来梦女真是遇到贵人了。因此，梦境中虽然还有艰难险阻，即险峻的高山和峭壁，但梦女仍然可以发现出路——可以滑到山下的滑梯。这就是梦女找到的方向，似乎是一种“软着陆”的方式。于是，梦女就顺着这个方向走，发现快乐又重新回到自己的身边——“我就坐上滑梯往下滑，往下滑的过程中我好开心呀，发现滑道上还有水，我就边玩水边滑，一会儿就到山下了。”

到了山下之后，又跟家人在一起了。这次的跟家人在一起与之前就完全不同了，前面的是一种安全感失去后的心灵期盼，而现在的却是一种安全感找回来之后的淡定，一种跟家人在一起时的开心快乐和平静。所以，这个时候跟家人在一起的场景，就到了欢乐谷——顾名思义，表达一种洋溢着快乐的心情。

不仅如此，这时候的梦女还有一种强烈地获得了保护的意识，因为梦境中的梦女又回到了儿时，在大人们的呵护下，坐在最疼爱自己的四姨的腿上，被四姨喂着饭——“感觉很温暖、很温馨”。

这就是第二天梦境中前面这一部分梦境的核心主题——喜。

会不会太神了呢？人类的情绪路径简直是太神了吧，走到这一步，完全是按照七情制胜的路径走的，怎么会这样呢？

其实这里有个小问题。梦女前面的情绪转换都是一种自然的转换，没有外力的作用。等到了上一节“忧”的时候，按照七情制胜的情绪路径，这一段梦境应该是“喜”了，结果果然是喜。但是不同的是，这一段梦境中的“喜”，是通过外力的作用产生的，是因为年轻俊才的谈话，让梦女放下了包袱从而获得一种喜悦的心情，是年轻俊才不经意的出现导致的。这可以说是一种无意识中的巧合，但是却给我们留下一个悬念——如果梦女没有去找年轻俊才谈话，而是继续一个人自己消化这一事件，那么，这个时候的情绪会如何转换？还会按照情绪的路径自然转换到“喜”上面来吗？梦女会不会在这种情绪的压迫下，自己找乐，寻找能够让自己开心的事情来调节自己的心态，并最终自己走出来，获得一种喜悦的心情呢？

这确实不得而知，只能说是留给我们的一个谜了。

那么，按照七情制胜的原理，当我们的情绪到达“喜”的阶段之后会怎样呢？这时候同样会有两个方向可以走：如果喜过头了，像范进中举一样，那就要用惊恐的情绪来压制，因为“惊恐胜喜”；如果并没有过度的喜悦，那么，就有可能按照自然的情绪发展，出现一些轻微的悲伤和思虑情绪，因为“喜生悲思”。

下面我们就来看看，梦女的情绪发展到这个阶段，到底会往哪个方向走呢？

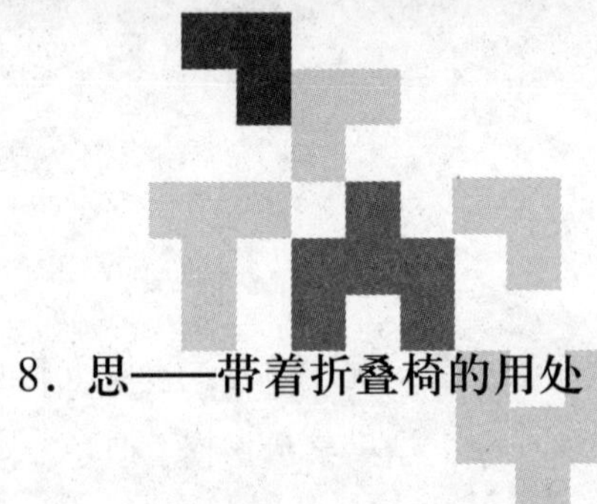

8. 思——带着折叠椅的用处

【梦境六】

然后我们就看到四姨父也从一个花坛边走了出来。于是我们准备进去，但是要买门票才能进去，而我和我四姨好像是不用买门票的。我就看到堂姐去买她和四姨父的门票了，而她的宝宝这会儿竟然可以自己站在花坛旁边。然后我们就进去了，刚一进去，四姨父就买了一把竹制的椅子，看起来还蛮大的，说："有了这个椅子，你们累的时候就可以休息一下。"然后四姨就骂他说："里面还有好多卖这个椅子的，你干吗现在买呀，拿着多累呀！"然后四姨父就说："这个椅子是可以折叠起来的。"于是接着往前走了，后面就记不清楚了。

这一段的梦境似乎是梦女自身的感悟——有些快乐是免费或廉价的，而有些快乐是需要付出代价的，这体现在梦境中他们去欢乐谷有些人要买票，而有些人不用买票。

接下来的思考还更加深入，"我就看到堂姐去买她和四姨父的门票了，而她的宝宝这会儿竟然可以自己站在花坛旁边" 。这表达了梦女对自身能力的思考，或许她认为即使没有强大的支持，其实自己也是可以独立的，就如同梦境中的宝宝一样。

然后，思考又再进了一步，表达的是梦女认为自己要有所准备，这样才能够有备无患，在需要的时候可以用上。这一段表现在四姨父去买椅子的事上，当然，这一行为在梦境中受到四姨的责骂，四姨认为这件事情做得太早了，没有必要，会成为累赘。这表明的是一种对提前作好某种准备的态度，应该也是梦女内心的冲突。

有些事情，准备早了，是一种累赘，但是准备早了也可以有备无患。如果不准备，就容易临时抱佛脚，而且四姨夫的辩论也不是没有道理，因为“这个椅子是可以折叠起来的”。这是否意味着一种折中？或者是梦女在经历了这一事件之后的成熟——暗示自己应该能伸能屈，不能像过去那样直来直去或者受不得一点委屈。或者是在面对未来的未知时，是不是应该提前做好准备，以便应对？

当我把这个分析告诉梦女时，梦女认为自己有过这样的感悟，觉得经历这件事情之后，自己有一种豁然开朗的感觉，觉得自己成熟了好多。而以前的自己过于幼稚，不想事情，不能为未来打算。她现在知道了，未来要靠自己去把握，不能有依赖心理，要勇敢地去面对未来。

因此，我觉得这段梦境主要是梦女的思考和感悟在梦境中的体现，主题是——思。

看来，梦女并没有像范进中举那样欣喜过度，而是保持了适度的喜悦。在这种喜悦之后，就自然而然地产生了轻度的“思虑”情绪——“喜生悲思”。梦女开始反思，这是一种升华的情绪，梦女并没有停留在“喜”上面，而是进入思想的层面，开始反思整个事件以及对自我的反思。这是一种良好的情绪状态。

但是，这种情绪状态往下发展，则有可能滋生出忧虑的情绪来，因为“悲思生忧”。我们来看看，最后的梦境是否有这种情绪的产生。

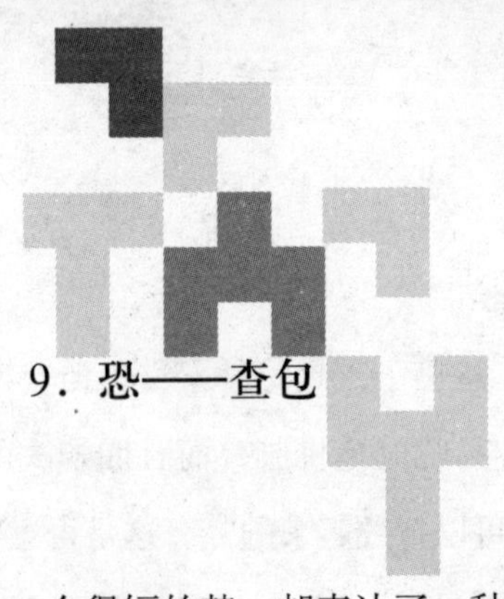

9. 恐——查包

接下来是最后一个梦，一个很短的梦，却表达了一种特别的情绪。

【梦境七】

最后似乎有一个小梦，梦到我的包包里有糖果。但是我哥非要看我的包，我不想给他看到我包包里的糖果，就一直抱着包包不敢放手！因为好像知道他看到糖果，会骂我一顿。

这一段梦境是一种怕被发现的情绪。怕被发现什么呢？糖果。糖果意味着什么？意味着开心和快乐，意味着甜蜜。哥哥一般而言意味着长辈、权威。因此，这里怕被哥哥发现，可以理解为怕被家人发现。

发现什么呢？应该是梦女内心甜蜜的小秘密。通过这个系列梦境的故事，我们可以猜测，这个甜蜜的小秘密，应该是与这个事件中的另一个当事人有关。梦女与他的友情虽然是纯洁的，但是，并不能排除梦女内心深处对他的爱慕。只是可能这种爱慕还并没有表达出来，但是我们不能排除一段美好友情中的一方对另一方产生超越友情的臆想。

因此，这个梦境，我觉得是梦女内心深处小秘密的不经意泄露，因为糖果有什么好怕发现的呢？如果害怕糖果被发现，那就是甜蜜的秘密——而除了爱慕之情，又有什么称得上是甜蜜的秘密呢？

如果事情真的是这样的话，那么，梦女上司的猜测看来并不是无中生有，只是梦女与年轻俊才的关系可能还没有发展到上司认定的那个程度，而上司过早地对这件事情进行了定性和干预（或许出于公司政治斗争的需要），从而对梦女造成了困扰。

从梦境的情形来看，年轻俊才在这件事情上把握的分寸应该是不错的，没有越雷池一步，也没有给梦女表达的机会。但是，没有表达机会并不意味着梦女没有想法。从前面的梦境分析来看，我们本来以为这件事情完全是无中生有，但是最后的这个梦境，令人不得不生疑。

而梦女不愿意家里人知道自己的这种情愫，因此产生了害怕的情绪，这就是最后的梦境的主题——恐——害怕自己内心的隐秘情愫被发现。

我们看到，梦境发展到这里，并没有按照七情制胜基本原理中的自然延伸的情绪继续往下走，也就是说并没有按照“悲思生忧”的情绪发展到忧虑的阶段，而是转换了方向，根据情绪相克的原理发展到了“恐”的阶段——因为“惊恐胜喜”。看来，情绪发展到“喜”的这个阶段，可以作为一个情绪循环的终结，接下来的情绪并不会按照线性法则循环下去——这也解决了我们的一个担心，如果这样无限循环下去，何时是个头啊。

所以我们可以这样说，当情绪达到一个正面状态时（遗憾的是，在七情中只有一个正面的情绪，不过这也反证了为什么人生不如意之事十有八九），就是一个情绪循环的终结（像范进中举这样的过度喜悦除外，因为在这种状态下，喜是一个负面情绪的开端）。然后，人的情绪会维持在以喜为中心的左右摇摆的平衡状态，直至下一次的失衡，从而开始另一次的情绪循环。

因此，在梦女的这一事件中，年轻俊才跟梦女谈过话之后，梦女的正面情绪重新回来了，这个情绪的循环就结束了，接下来的情绪变动是梦女在“喜悦”这一基本情绪下的左右波动。往左波动（自然延伸），就是悲思，因为“喜生悲思”，所以，在“喜”之后有“思”的梦境。如果从“喜”往右波动（反向制胜）呢？就是“恐”，因为“惊恐胜喜”，这一点特别有意思。

也就是说，当梦女达到一种情绪平衡时，一方面，她进行了情绪的升华，开始对事件和自我进行反思，这就有了接下来以“思”为主题的梦境。

另一方面，她又有一种担心自己得意忘形的情绪，担心自己可能由于高兴过头而暴露内心的秘密，因此，潜意识用一种相克的情绪来压制，就是“恐”。通过这一相生一相克的两种情绪的制约，从而令梦女的情绪最终达成一种以“喜”为中心的平衡，梦境也到此结束了。

这一梦境为我们提供了七情制胜的经典案例，让我们对人类情绪的转换路径有了清晰而直观的认识。而且，通过梦女心路历程的梦境展现，我们还可以看到人们在经历情绪应激时的心理反应以及一系列的修复过程。

其实，每一次心理冲击事件都是一次人格成长的机会。这时候，自我的情绪修复能力和周围人的态度和干预显得尤为重要。

首先，自我是具备情绪修复能力的，前提是负面情绪的能量不能太大。负面情绪，一方面似乎是我们无法把控的，因为外界的伤害强度跟事件本身有关，不是我们可以控制的。其实，另一方面负面情绪的强度也是我们可以控制的，我们可以做的就是，当负面情绪来临时，不要让这种负面情绪泛滥，不要采取强化的方式，而是要进行适度的控制和疏导。控制不是压抑，而是一种情绪管理，是一种不让情绪泛滥的主观意志，而疏导可以有效地降低情绪的能量，使之消耗一部分，从而降低其危害性。

如果我们能够做到这一点就已经足够了，因为接下来的事情我们可以交给情绪本身。上面的案例告诉我们，情绪本身是可以进行修复工作的。我们的情绪会按照自身的逻辑和路径进行情绪转换，在这种转换过程中消耗负面情绪的能量，改变负面情绪的方向和结构，改变体内气的运行，从而将大部分负面情绪能量之气清除出体内，让我们的情绪恢复到以“喜”为中心的平衡状态。

其次，周围人的态度和干预方式也很重要。如果我们继续沉浸在伤害之中，而周围的人给予过度的同情和安慰，这反而会加深这种伤害，令受伤害者形成心理依赖，并且打乱情绪自身修复的程序，从而在这种伤害的情绪下越走越深，最后不能自拔——这是一种巨大的不幸。

正确的方式是，用一种平静坦然的态度感染当事人，并巧妙地运用七情制胜的基本法则引导当事人的情绪转换。加快其情绪自我修复过程，从而降低负面情绪的伤害，缩短情绪自我修复的时间，令当事人能够尽快走出负面情绪的影响，恢复到平衡的情绪状态中。

其实，负面情绪并不可怕，因为情绪是流动的，负面情绪也会流走。但是，可怕的是我们容易夸大负面情绪的影响，并且不愿意有意识地疏导它，而是喜欢沉浸其中，使负面情绪产生郁结，不能有效流动，从而导致情绪自我修复功能的障碍，最终由情绪问题转化为心理问题，严重的就进一步恶化而成精神问题。

这就是情绪对我们的影响。我想，看完这个案例，知道了七情制胜的基本法则，我们就可以有效地处理自己的情绪问题，从而游刃有余地面对人生的困境。

八 剪不断理还乱

——女博士与导师之间的师生纠葛

经历过与导师之间的那种纠结的关系吗？一方面，“一日为师终生为父”的传统观念禁锢着我们。另一方面，当我们成长到足以独立的时候，我们有开宗立派的渴望，我们有学成“下山”的冲动。然而，不是每一个导师都能够有如此的胸怀，他们同样面临着一种分离焦虑，这种分离焦虑导致一种紧张的师生关系，困扰着学生的心灵成长，有时候甚至背上沉重的心理负担和压力，导致事业和人生跌入低谷，陷入无边的抑郁之中……

一位梦女在网上慕名找到我，希望我能帮她解梦，因为她正面临着人生与事业的困惑。后来我才知道，这是一位很有才华的女博士，在一家科研机构工作，身处心灵和职业的双重困境，她苦苦挣扎，有些迷失自己了。下面是她在这一段时间内一系列密集的梦境，透过这些梦境，我们来看看她的困惑以及困惑的根源。

1. 梦到导师

女博士

梦侦探，最近做了一个这样的梦：

我在办公室修理一个仪器（我是做科研的），奇怪的是我四岁的女儿竟然坐在仪器上玩。后来导师来了，不仅没有责备我，还很和蔼地逗我女儿玩，拿手机说给她放音乐听，我女儿说不能听，一听就睡着了。我说没关系，睡着了就别走了。

然后就画面一转，周围有很多同事，导师说他想现在退休，然后去幼儿园当园长。周围的同事都阻止他，说你放弃现在的工作不是太可惜了吗，但好像阻止得不是很真心。只有我说，从掌握的知识上来说是有点可惜，可是要是很喜欢去幼儿园就去吧，虽然这两个工作差别很大，但以前学习过程中的很多经验还是很有用的，很支持他去。

然后画面再一转，就感觉我们导师真的开始实施他的计划了，但看不出来是在幼儿园，还遇到了很多阻力，好像他在规划一条路，但有人开着卡车又非要从那里过。他的态度也很强硬，感觉上就是这件事肯定能办成。

另外，后来感觉我们真的就住在办公室了，住的地方像是我读研的实验室（以前真的在那个实验室住过），但又觉得是在厕所（可能当时有点想上厕所）。

需要补充的是，我是做科研工作的，导师要求很严厉，我很不喜欢他的这种管理方式。加上工作中的一些分歧，导致我最近对工作很烦恼，也提不起兴趣，一直很犹豫要不要改行，不知道这个梦是不是跟我想换工作有关系？请您帮我分析分析，谢谢啦！

梦侦探

这个梦确实跟工作应激有关。

女博士

是，我自己也觉得，您说梦中的导师是不是就是我自己？

梦侦探

从梦境来看，有时候是，有时候不是。

先来看第一段，女儿在仪器上玩，这个你怎么看？

女博士

觉得不可思议，平时我们单位根本不让小孩进，而且我们导师又那么严厉，怎么可能让小孩儿在仪器上玩呢？

梦侦探

如果梦境中的女儿不是你的女儿，而是你自己呢？

女博士

哦，那就是我在挑战导师？这倒是有点可能，最近我一直没有好好工作，而且还告诉导师我被诊断为抑郁症了。

梦侦探

是的，女儿就是你自己，一听音乐就会睡着表示你对导师的消极抵抗。

女博士

是的，我最近一直很放任自己，有时候干脆逃班，但心里还是有些不安。

梦侦探

似乎导师知道你目前的心态，没有怎么责备你。

女博士

可能是，因为我前段时间先是跟他吵了一架，后来去医院看完后就告诉他我有抑郁症，他让我自己好好调节。

那换工作的事怎么解释呢？

梦侦探

第二段导师换工作的梦境中，导师就是你自己了，你觉得目前的工作不是你的兴趣所在，你打算换工作。

可能周围的人也有人劝过你，但是你不认同大家的观点，觉得还是兴趣最重要。周围的人是以世俗的利益来规劝你的。

女博士

是，这段我也这样看，别人都觉得我现在的工作挺好。

但我又下不了决心。

梦侦探

从梦境来看，你内心还是对换工作想得比较透的。

女博士

那梦中后来显示的根本不是幼儿园的场景，是不是预示着我最终从事的工作既不是现在从事的，也不是现在想从事的呢?

梦侦探

这个不一定，最后的场景导师有两种可能性，第一种可能就是导师本人，是你对导师的认知，认为导师很固执，一意孤行。但是，你觉得他的方向还是比较靠谱的，估计要经历很多波折才能够做成，你似乎并没有这个想法跟着他一直走下去。

第二种可能就是你自己，表明你内心的某种犹豫，对转行换工作还是充满着焦虑的。

你自己怎么看?

女博士

我觉得第二种的可能性更大。

现在的工作稳定，待遇也还不错，而且大家都认为我发展得还不错，应该是比较有前途的。但我现在就是提不起兴趣，觉得没有意义。

其实我在学习心理学，觉得还比较有兴趣，但又觉得跟现在的工作差距太大，怕做不好。而且也听到很多关于心理咨询的事情，好像是有价无市，所以下不了决心。

梦侦探

最后，你感觉真的就住在办公室了，这个场景其实很重要，因为这个场景说明了目前你遇到的工作应激的本质问题，其实不是兴趣问题，也不是工作思路和观点的问题，似乎是你的心理出了点问题。你有点失去了激情和勇气，开始对现实退缩了，似乎与你以前不一样了。住在办公室，其实是回到了你读研的阶段，那个阶段你没有这么大的压力，你会觉得轻松很多。

女博士

对，您分析得很对，我现在的主要问题其实是跟导师的关系问题。

以前我基本上是崇拜他的，随着时间的延长，看到了一些问题，可能心理上觉得很失望。

梦侦探

是的，这个梦的基本意思就已经明确了，你也了解了你潜意识的真实想法，解梦就基本结束了。现在我们来谈一谈对于你来说最关键的问题了。

第一是抑郁症的问题，千万不要轻易认为自己得了抑郁症，这会让你产生心理依赖。

女博士

是的，我现在觉得自己也不是真的抑郁症，就是抑郁情绪，不过时间有点长，都两年多了，应该属于抑郁性神经症吧？

梦侦探

第二是你开始对心理学感兴趣，正说明是你的心理出现了一些问题，这其实不是一个好现象，是你心理退缩的表现。你期望从心理学中找到人生现实的答案，那是找不到的。人生的答案在现实本身，我们无法逃避，只有面对现实解决现实问题，才是唯一出路。

女博士

就是不知道怎么解决，找了几个心理咨询机构，都觉得不太靠谱。

梦侦探

因此，你的问题不是转不转行做心理咨询工作的问题，而是如何利用对心理学的学习帮助自己渡过难关的问题，其实就是给自己的心灵重新注满能量，让自己能够坦然地面对现实的困难和挫折。

女博士

其实这可能也正是我下不了决心的原因，因为我的潜意识可能也知道转行解决不了我的问题。

梦侦探

心理问题不解决，换任何工作都没有用，换任何工作都是借口，都是自己逃避的借口，最终进入可怕的恶性循环。

女博士

是啊，我现在很想解决，但就是不知道从哪儿下手。

我现在面临的最大问题是，不能跟导师正常的沟通，要么是他没耐心，要么是我没耐心，压根不想去找他。

我也知道自己的处理方式有问题，是一种孩子气的做法，不成熟，但是我就是一想起来找他讨论问题就很难受。

梦侦探

好的，下面就是我给你的建议：

第一，以平常心对待现在的工作，尽力而为，但是不要对结果太抱希望。

第二，休假出去旅游，放松一下自己。

第三，我要告诉你解决心理问题其实只要记住一个成语并努力去做到就可以了，这个成语就是：智勇双全——用勇气面对所有的人生困境和遭遇，用智慧去解决问题，而不是纠结于自己的内心和情绪。你是高学历毕业，应该很有智慧，要学会发挥自己的智慧，讲道理是最没有智慧的方式。

女博士

您说的前两条我现在觉得都做不到，上次医生建议我休一个月假，可我没敢，很担心请假造成的影响，怕回来更糟。

心理上放不下，待在哪里都一样。

梦侦探

是啊，看来你还没有认识到自己的问题，你把自己从一个好端端的人搞成了这个样子，你还不醒悟?

女博士

想醒悟，变成现在这样是一个过程，醒悟也需要一个过程。我虽然是博士，可是智慧不等于成熟，我觉得我在处理人际关系上的心理年龄很幼稚。

梦侦探

先放下吧!

休息一下，不要急于换工作。还是应该休息，出去旅游，去你最想去的地方。

女博士

暂时不会换，要换也得等我真的想清楚自己要什么，没有犹豫时再换。

可是我一想到休息就心里不踏实，惴惴不安，好像有人在偷看我。

梦侦探

所以更应该要休息一段了，哪个地方最想去?

女博士

海边，我曾经在厦门读书。

梦侦探

厦门很美啊，鼓浪屿，西街咖啡。

女博士

是啊，给我留下了很多美好的回忆。

梦侦探

待个一周，简直就是神仙般的日子，放下吧，去。

女博士

但现在不太想去厦门，有一些同学和师弟师妹，平时很想他们，但现在这种心情不太想去。

梦侦探

其实更应该去，以一颗平常心去叙叙旧。

我发现了一个问题，你对自己的要求太高了，看来这个人格问题是所有问题的根源。

你追求完美，成就动机太高，从小被家里逼的吧？

女博士

是，我一直在各个方面对自己要求都很高，家里也没明确要求过什么。我爸很严厉，虽然很少批评我，但也很少表扬，就是感觉自己必须这么做，不这么做心里不安。

梦侦探

那就试着让自己心里安定下来，看看天会不会塌下来。

试着迈出这一步吧，这就是我给你目前的建议。

女博士

好的，谢谢了，您分析得很好，我相信自己会走出来的，只是时间早晚的问题。

有问题再请教，麻烦您了。再次感谢！

梦侦探

那就好，其实就你的智商，你什么都知道，但是，知易行难，一定要自己有勇气走出来。希望你能够做到，关键是开始行动，走出第一步。

女博士

好，谢谢您的鼓励。我会的。

2. 梦到打劫

女博士

梦侦探，您好，这几天又做了一个梦：

我在领着几个人卸东西，一大包一大包的，好像里面装的是钱。卸的地方好像是我姥姥家门口，我太姥姥就在家门口吃饭（她已经去世了），吃的羊肉，她觉得咬不动（可能是那天晚上我觉得饭比较硬）。

东西卸完后，我就跟她说我先走了，还要再拉一趟。等这次拉来后，卸东西的人都成了女孩子，正在担心要是有人来抢东西怎么办，突然，就真的来了几个人来抢东西，追也追不上，急得不得了。而且好像觉得抢的又不是钱了，是我们的实验记录本，很重要，是报新药用的原始记录，没有这个就通过不了。然后空中突然有播音，说抢银行的东西是犯法的，大家赶紧交回去。有人赶紧丢下东西跑了，但也有不少本子找不到了。

我很自责，觉得是自己没安排好，这么重要的东西怎么能就派几个女孩子来卸呢？然后到处去找这些本子，在一些角落时不时就真能找到一摞。好像觉得还没有全部找到，但也差不多了，就算少几本，检查的人来了也好跟他们解释了。梦就这样醒了。

不知道这个梦说明了什么问题呢？麻烦您给我指点迷津，谢谢！

梦侦探

你这个梦应该还是跟工作有关，是工作上的一件重要事情，你可能没有处理好。

女博士

啊，这样啊，是的，不止一件事，觉得好几件事都没有处理好。

梦侦探

说说看。

女博士

最重要的一件事就是发表文章的事，因为跟导师的分歧，迟迟未能发表，到现在都不想发了，想把它彻底放弃。一碰到这个问题就觉得很痛苦。

梦侦探

为什么会这样呢？

女博士

觉得一是我们导师实际上并不太会写文章和修改文章，但我们写好的他又非改不可。英文的文章有时候免不了会有一些语法问题和写得不太地道的地方，他每次修改时就会就这些地方猛批一通，重要的内容却一点也没改，就这样翻来覆去的很多遍。又建议投一些较高级别的杂志，被拒了几次稿，弄得我一想起就很难受。

另外，也跟我不知道怎么坚持自己的观点有关，总是不敢反驳，盲目顺从，到现在结果不好，板子还是打到我的头上。

梦侦探

但是总感觉梦境中的事情跟现实利益有关，因为涉及钱和银行之类，是不是论文的结果与你们企业的发展息息相关？你认为按照你的思路会更有利于企业的经营效果？

女博士

没想起什么破财的事啊。不过论文的结果确实跟我个人的发展有关，如评职称。

梦侦探

哦，就是这个，因为职称是与利益挂钩的。

女博士

也算是吧，不过跟经济利益关系不大，但跟我个人发展前途有关，毕竟职称代表了一个层次。

梦侦探

是的，这个问题是存在的，其实平时导师在评判时他可能根本心思不在上面，到最后才会用心。所以通过这次教训你要知道，每次改论文一定要在关键论点上与他进行充分沟通，达成一致。

女博士

对，现在知道了，可是时间都过去好几年了，我现在一看到这篇稿子就很烦。曾经无数次打开文档，什么也没修改，实在受不了了，就又关了。

最近真的打算放弃那篇稿子，自己安慰自己的是，不就少两篇文章么，以后再写别的算了。评职称晚点就晚点吧，反正很多跟我一样大的连副高都还没评上呢，我这正高着什么急。

梦侦探

是的，不用给自己太大的压力，慢慢来。下面我们来分析你的梦境。

第一段"我在领着几个人卸东西，一大包一大包的，好像里面装的是钱。卸的地方好像是我姥姥家门口，我太姥姥就在家门口吃饭（她已经去世了），吃的羊肉，她觉得咬不动（可能是那天晚上我觉得饭比较硬）。"

这一段讲的是你作为课题负责人带着大家做课题，这个课题对于公司来说很重要，因为关系到新药的审批和生产，因此与钱有关。但是，为什么放在姥姥家门口呢？是因为你觉得导师的某些观念已经落后了，就像年迈的姥姥一样。那为什么她吃羊肉咬不动？是因为你觉得导师对于你的课题有些内容消化不了，因为观念太陈旧了。

女博士

哦，我确实觉得他的思路有点问题。

梦侦探

第二段“东西卸完后，我就跟她说我先走了，还要再拉一趟。等这次拉来后，卸东西的人都成了女孩子，正在担心要是有人来抢东西怎么办，突然，就真的来了几个人来抢东西，追也追不上，急得不得了。”

这一段主要是对写论文的焦虑，估计要补一些实验数据，但是，由于那时候没有做，现在要来做就很困难了，说明实验数据的丢失。

梦侦探

接下来“而且好像觉得抢的又不是钱了，是我们的实验记录本，很重要，是报新药用的原始记录，没有这个就通过不了。”这一段就是点题，说明前面的担忧都是跟实验数据有关的。

女博士

啊，你说得太对了，确实存在需要补数据的问题。

女博士

后来没有全部找回来，但好像也不影响检查，难道说的是即使我没有补数据，也能发表文章?

梦侦探

是的，就是这个意思。

“我很自责，觉得是自己没安排好，这么重要的东西怎么能就派几个女孩子来卸呢?”这一段就是你的自责心理，觉得自己统筹安排得不好，没有做好预案，没有想到如果论文出现方向性问题时的实验数据补救问题。

女博士

梦侦探，你分析得太对了，佩服。

梦侦探

其实解梦的主角是做梦者自己，关键在于你对自我的反省，你的自我反省能力越强，梦就越容易解出来。这是一个互动的过程。

3. 梦到男同学

女博士

梦侦探，昨天晚上又做一梦：

在教室里上课，我的书好像放在某个桌子抽屉里了，但又找不到。上的是英语课，好像是博士期间的课，老师讲得一点都不好，就在那里画哪些应该背。我跟旁边的同学说，以后不来上他的课了，等考试前找个辅导班应急培训一下，能考过就行了。

另外，在刚开始上课时，我以前的一个男同学也在（这个男同学我以前很喜欢），但坐的离我很远。后来好像就跟我坐一起了。导师布置了一个任务，分组做游戏，这时上的好像就不是英语课了。我和那个男同学，还有一个女同学（以前在我们班很不起眼的一个，有点自卑）分在一组。

好像是要比赛跑步，谁先跑到老师规定的地方谁就赢。那个男同学负责先喊口令，等我跑出几步后他再跑。可是那个女同学就趴在我背上，让我背着她。我让她下来，她就是不下。等我跑到规定的地方后，那个男同学就说我少做个老师要求的动作，不算赢。我就说，我还背了个人呢，怎么能跑得快呢?

中间还穿插了一些别的情节，好像我还跟那个男同学偷偷拉了手，又怕被人看见等，有的记不太清了。

不知道这个梦有什么寓意呢?

顺便说一下，英语是我所有科里最弱的。

梦侦探

这个梦还是跟导师的关系问题。

女博士

嗯?

梦侦探

上英语课寓意就是跟导师在一起搞科研，你的感觉不是很好，而且在论文写作时他对你论文中的英语很挑剔，也刺痛了你心灵的痛处。

女博士

这个我能理解，那后面的内容呢?

梦侦探

以前一个你喜欢的男同学坐得很远，这其实也是表达你和导师之间的关系。以前你很崇拜导师，但是现在你似乎看清楚了更多东西，那种崇拜感消失了，所以他坐得离你很远。

女博士

哦，可以对上。

梦侦探

然后就是比赛的事情，比赛当然是指你目前的科研和论文之类。看样子你公司有一个竞争者，而且导师似乎更偏向于她，可在你看来，她是无法与你相比的。她还有可能剽窃你的一些成果或者故意给你制造障碍等，总之是对你不利的事情。

女博士

竞争者肯定是有的，但符合这个条件的不太清楚，倒是有一个，跟导师关系比较好，我心里好像是有点嫉妒。

梦侦探

就是这个。

女博士

剽窃成果和制造障碍好像没有，但科研能力我确实觉得她没法跟我比。

梦侦探

也许是这样吧。

至于梦境中你还跟那个男同学偷偷拉了手，又怕被人看见等，有两层寓意：一是梦境的愿望达成，因为你跟那位男同学没有结局；二是表达你期望与导师和好的想法，潜意识会用男女之情来表达男女社会关系的远近。

女博士

梦境原来还可以这样表达啊。

梦侦探

是的。规定动作没有做，是不是表示导师曾经指责过你的某事？而在指责你的时候可能会表扬她。

女博士

这个想不起来了，导师指责过的事肯定有。当我面表扬她的不记得了，反正他很少表扬的。

我原来还在想，背人是否指的是我背负的心理包袱？比如自卑？

梦侦探

你这个理解也是正确的，因为你提到这个女孩子原来是班里很不起眼的一个，是一个自卑的人，也就是说，这个女孩可能就是你自己的投射，你背着她，其实就是背着自卑。

女博士

是，我说的那个跟导师关系好的同事，平时给我的感觉是挺会打扮自己的，恰好在这方面我有点不自信。

梦侦探

那这个梦对你就更有意义了，你在梦中进行了反思，找到了自己问题的根源。梦境喻示你要彻底放下自卑，这样你会走得更远。

女博士

那这个梦跟那个男同学一点关系都没有吗？

梦侦探

你说说跟那个男同学之间的恩怨吧。

女博士

就是以前上学的时候喜欢他，自以为给了他暗示，但他迟迟没有回应。从高中到大学毕业，中间见过为数不多的几次面。后来毕业后他参加了工作，从外地回来找过我一次，但那时我已经跟现在的老公谈朋友了。其实也刚谈，但我也是赌气，就直接把他介绍给了我老公，从此以后他再也没主动联系过我。前段时间见了一次面，是我主动与他联系的。其实我一直觉得他那次找我是有特殊意义的，只是当时年轻气盛，觉得给他的时间已经够多了，后来又一直不敢求证。前段时间有天晚上也是做梦梦到他，醒来后就有一种很强烈的感觉想要见他。见面后，他开始一直没有正面回答我的问题，但在我的追问下，他说了一句：就想去看看你嘛，结果看到了别人。

梦侦探

也就是梦醒来之后去见过他，最近？

女博士

对，两个月前。

梦侦探

即使这样，这个梦也还是与男同学无关，而是与你现在的科研论文事件有关。但是，因为最近与男同学的接触，所以你将两件事情扯到一起进行类比，因为都是一种关系由近到远的过程。

梦侦探

梦境的探讨到这里基本上结束了，相信你也明白了自己这个梦的含义。

下面说点题外话，说说你的这段情感，你的做法说明你在感情上还是不够成熟，也很单纯。你要知道，即使当时他有什么想法，但时过境迁，什么都改变了，你的追问是没有什么意义的。

女博士

我知道，也没打算跟他怎么样，就是在这件事上不死心，我因为这事以前挺受打击的。

梦侦探

其实，感情是一种缘分，不是一种高低之别，不喜欢不意味着你不好，只是频道不对而已。

女博士

我觉得跟他谈过后，虽然暂时有点难过，但最终结果还是好的，对恢复信心有好处。以前因为他不接受我，总让我觉得自己不够漂亮，没有魅力，找男朋友都没信心。我现在的老公也还不错，但相貌、学历啊等外在条件跟我都有很大差距，当时很多人都觉得不理解。

梦侦探

说实话，你这个叫做饮鸩止渴，你明白吗？

女博士

你说的我也明白，那个男同学也说，后来之所以没有跟我联系，是他觉得我跟他已经是两个世界了（可能他觉得我读研又读博了吧），从这一点上说他不如我老公。

梦侦探

不是，我指的是你的整个认知体系出了问题。

女博士

你指的是找朋友还是这次跟他会面？

梦侦探

不是，是你对情感的认知体系。

女博士

对，我现在知道了，但十年前不知道，就一直钻死胡同。

所以说通过跟他会面，我对自己更有信心了。

梦侦探

你陷入了世俗对情感的认知模式，而不能看透情感的本质，与谁优不优秀无关，只是一种缘分而已。你看看那些夫妻，所有外表相配的往往更不幸福，所以看上去完全不般配的其实很幸福。

这些算是题外话，希望你能够领悟。

女博士

我说的都是以前的想法，现在不这么想了。经过短时间的心理冲突后，我真的觉得还是跟我老公更合适。

梦侦探

那就好，但你对自卑的认知还是陷在这个模式内，希望通过这个梦境能够让你彻底摆脱自己完全没有必要的自卑，用更大的自信去面对一切问题，人生的，还有事业的。我相信只要你摆脱了心灵的桎梏，你会走得更远，无论是人生，还是事业。

女博士

对，我也是这样认为的。

总的来说，我觉得目前的状态算是我人生的低谷吧，我把自己认为最糟糕的一面都呈现出来了。最近脑子里总是回响那句话：置之死地而后生。

梦侦探

对的，是时候算总账了，你也成长到可以对自己过去的心路历程做一个彻底的了结的时候了。

女博士

你知道嘛，其实这两年我一直在调整，以前不仅是跟导师，跟其他人相处也有自卑的问题。只要我觉得人家有一个方面比我强，我跟人家交往就不自信，现在跟外围的人交往已经好多了。导师算是一个比较特殊的核心人物吧，所以改善起来要慢一些。

梦侦探

是的，导师是你整个情结的核心，解决好了如何与导师相处的关系问题，你就算彻底走出来了，而且以后再也不会有这样的障碍了。

女博士

可能自卑才是我跟导师沟通不良的根源，本来就自卑，他再一批评，就更自卑了，更不敢表达自己的意见了。

梦侦探

是的，所以你要理性客观地作一次全面的评估，这样你才不会陷入自卑的状态。

女博士

其实理性地看，我知道自己并不差，但人在处理问题时经常是感性的。

梦侦探

所以你要把这个理性系统化，成为你思维的模式，你就不会盲目自卑了。

女博士

怎样系统化啊?

梦侦探

这是你最擅长的，你是理工科，又是博士，你仔细想想，能想得出来的。

女博士

哦，好，我会完成的，我一向喜欢做题的。

4. 尾声——父亲、老公与导师

女博士最后一句“我一向喜欢做题的”，让我觉得特别生动，令她的性格特征跃然纸上——这是一个做事认真、追求完美的女孩，正是因为这种执著，才有她今天这样的成就。然而，也正是因为这种执著，导致了她今天的这种困惑。

然而，这是女博士的错吗？不是，这里面有着更深刻的原因。

为了更加深入地帮助女博士面对现实中所处的困境，我决定从她的成长经历和家庭结构关系入手，来让她更加清晰地认识到自己的心理结构和人格结构的成因。所以，我给她留了一个课题，要求她谈一谈自己的成长经历，特别是与父亲之间的关系。

下面就是我们之间的对话。

梦侦探

如果你愿意，谈一谈你的成长经历吧，特别是跟父亲之间的关系。

女博士

小时候对我爸爸的记忆很少，他是小学老师，也算是个领导吧，人很严厉，我们都很怕他。留给我的都是一些严肃的、权威的画面。比如，惩罚我弟弟啦，上课时有学生捣乱怎么收拾他们啦等，而且这些都是别人告诉我们，我并没有亲眼看到，但对我的威慑力已经很大了。他很少批评我，可能因为我是女孩子，而且一向很听话，学习也好，但也很少受表扬。这一点我老板跟他是很像的，我也早就察觉到了。

此外，我爸爸应该也是个工作能力很强的人，内向，注重细节。我家是农村的，他上地里干活的时候较少，但如果干，一般都干得很仔细，比如拔草，他就拔得很干净，经常说我妈干得潦草。而且干活时经常因为嫌我们干得不好发脾气，我妈怕他也烦他发脾气，有时候就干脆不让他干了。

总之，小时侯印象中没有给我留下什么温馨的画面，一直到现在我跟他说话都有顾忌。

梦侦探

他是一个严谨、追求完美的人，你也继承了这一点吧。特别是你的导师也是类似，因此，你跟导师的关系其实就是你跟父亲关系的再现，其中还包括了你对权威的态度。

女博士

我小时候家里经济条件还可以，但在上初中后发生了转变。在与亲戚朋友间的交往中，也许因为我太敏感，总有一种被人瞧不起的感觉。那时候我爸爸还特别容易喝醉酒，更让我觉得在亲戚朋友面前抬不起头来。这一点一直到现在我都有怨言。

梦侦探

你容易被他们的情绪所控制，其实你内心有很多辩解，但是一到那种场合就说不出来了。

女博士

对，因为源自从小的怕。

我去年做过一段时间的心理咨询，当时也探讨到了这两者的关系。很遗憾，因为那个咨询师后来离开了，就没有进行下去。

梦侦探

其实你知道方向之后自己可以继续下去，因为你具备这种自知和自省能力。

女博士

我的自卑感可能就源于那时，记得有一次去我姥姥家，我因为没新鞋，穿了一双带补丁的鞋，一整天我都想把脚藏起来。

上初中时正是青春期，女孩子对穿着很敏感，恰好那时我们家没条件，一直到大学毕业，在谈恋爱的事情上我一直受影响。我理智上知道不应该埋怨父母，但感情上还是有不满的。可能这也部分导致了我跟我爸爸感情上不是很亲近。

梦侦探

与父亲的感情不亲近除了这些原因，可能更深层次的原因是没有得到父亲的爱，是一种憎恨的心理。

女博士

应该有吧，所以可能就想在另一个人身上得到补偿，比如老公，比如老板，在他们身上都投射了一些对父爱的渴望。

梦侦探

是的，你分析得很对，所以我说你有自省能力。其实你一定可以慢慢走出来的，不要急，虽然知易行难，但是你知道了，慢慢努力就会有结果的。

女博士

对，最近对我爸的感觉有些细微的变化。有点觉得他挺可怜的，是孤独的，可能喝酒也跟这个有关。他是那么内向的一个人，平时又那么严肃，感情肯定没有出口，可人怎么可能老是戴着面具生活呢？他会很压抑的，所以只能在喝酒后发泄一下，他喝完酒如果没喝醉经常还能跟我们开个玩笑什么的。

以前咨询师也说我可能需要先改善与我爸爸的关系，才能真正改善与老板的关系，可是我一时真的很难做到。

梦侦探

不要急，冰冻三尺非一日之寒，一定要有耐心，但是一定要朝着正确的方向迈进，每天都近一步，才能有结果。但是一定要有行动，不要给自己借口。

女博士

是什么行动呢？

梦侦探

就是不断反省自己，改善与丈夫、父亲和老板关系的行动。当你有这根弦时，你的行为就会变得更加理性，从而有助于你的心理调整。

女博士

哦，心理上的行动我是一直有的，就是还没有落实到具体行动上。与老公的关系我觉得现在已经有很大改善了。以前对他是只想索取，不想付出的，现在意识到了，虽然实际上没做什么，但关系确实感觉不一样了。

梦侦探

那就很好，不能太急，这样的事情没有耐心最终会失败的，并且退回到比原来更严重的程度。一定要切记！

女博士

现在想来，我以前一直是以一个小女孩的心态跟他们交往的，而他们肯定是把我当成年人对待的，所以造成了需求矛盾，不是他们给得太少，而是我需求得太多了。我努力工作，孝敬父母，善待公婆，做这些事情的同时是有期望的，期望他们因为我的付出而给我回报，这种回报不是奖金，也不是礼物，而是一种深深的关怀。可惜，我的愿望经常落空，短期内我就更努力，但时间长了，积压的委屈多了，就不想努力了。

梦侦探

说得太对了，你终于认识到了问题的本质！你看，收获不少呢。所以关键的问题是，你人格的成长与成熟。

女博士

相比较老板和我爸来说，跟老公的互动肯定要容易多了，所以跟他的关系最快得到改善。我现在采取的一个基本原则是：如果做一件事不是发自内心，而是想得到他的表扬，那我就暂时不做。事实上，有时候一旦你想到这一点，就没那么想得到表扬了。

梦侦探

很对！这就是进步！

女博士

是，我觉得问题是基本清楚了，只是在老板那里积压的问题太多，而且他又会不停地去揭这个伤疤，所以修复起来难度真的不小。毕竟跟爸爸和老公主要的还是亲情，没有什么利害关系，就算你有什么错，他们也容易原谅你。可跟老板就不一样了，我很担心他没有足够的耐心等我成长。换句话说，会不会没等我修复好，他就不耐烦了，工作就干不下去了。所以这可能是我目前着急的原因。

梦侦探

跟老板的关系，你要运用你的智慧，多动动脑筋，争取到主动权，否则也是难以解决的，因为你老是被他牵着鼻子走。我说的主动权就是，你现在既然已经把问题看得那么明白了，那么，你要找到解决方案，有意识地引导老板往正确的方向走，这样才能有机会改善你们之间的关系。

女博士

是，我也知道，不能老让他的情绪主导我。但目前的问题是，我还没有信心去面对他，还处在一想到他，就心里发紧、胸口发闷的状态。可能是以前的留下来的“伤害”太深，让我不愿意面对，只想逃避。

女博士

怎么样调整到以一种平静的状态去面对他，可能才是我目前急需解决的问题。

梦侦探

告诉你一个满贯疗法，你现在多去找他，不要带着问题去，只是去闲聊，甚至只是关心关心他，等你能够比较自然地面对他的时候，就基本好了。

女博士

哎，你说的这个办法对一个闲人当然可以。可对于一个本来就很忙的人，哪有闲情跟你聊天啊，就算你不跟他谈课题，他也会问你的。

我们下面的人基本上都跟我一样，避免找他，因为他一谈起课题，肯定就会发飙的。

女博士

不过前段时间我把被诊断为抑郁症的消息告诉他了，虽然我知道这个消息对我会有一些影响，但觉得可能会为我争取一段和平的修复时间，所以还是告诉了他。

梦侦探

是的，总之你要多动脑筋，找到突破口，攻下这个堡垒。其实关键还是你的心态，你要知道，你的心态会影响他的心态，当某一天一个全新的你站在他面前时，他也会震惊，并且会作出改变的。试试吧！

女博士

是，如果你看起来就像个小孩，别人就会用对待孩子的方式对待你。只有你自己成熟了，别人才会用成年人的方式对待你。

女博士

我突然又联想到上次做的那个梦，那个我女儿在仪器上玩的梦，梦中我以女儿的姿态出现，是否也喻示我在跟老板的关系中也是以一个小女孩的形象出现呢？

梦侦探

是的，正是如此。

女博士

真有意思，我越来越感兴趣了！

九 锵锵三人情

——友情与爱情的边界

体验过三人行的这种情感吗？一女两男或者一男两女，说不清道不明的情感纠葛，但就是喜欢在一起、享受这种感觉，直到……直到这种平衡被悄悄打破，某两个人悄悄地走得更近了，而另一个人却仍然蒙在鼓里。直到……直到这另一个人作为最后发现的一个人，顿时觉得五雷轰顶，天塌下来了。接受不了的，其实不全是情感关系的亲疏远近，更多的是等距离结构关系的破坏所带来的不适以及一种貌似受骗的感觉——为什么不告诉自己？当全世界的人都知道了时，为什么自己像傻瓜一样会是最后知道的那一个？然而，对于另外那两位当事人来说，这样的事情又如何开口？如果开口，又情何以堪？

这个案例中的三人是由哥哥嘻哈、姐姐嘻嘻和妹妹哈哈所组成，他们铁三角的友情曾经不知羡煞多少人。然而，随着时间的流逝，三人之间的关系在发生着微妙的变化，虽然从表面上来看，大家似乎看不出任何异常。只有梦境能悄悄告诉我们正在发生着什么……

1. 三张票——妹妹哈哈的梦

首先我们来看看妹妹哈哈的一个梦：

梦到我和嘻哈哥哥两人去看孙楠的演唱会，门口人很多，嘻哈哥哥拉着我的手，怕我和他走散了。我们有三张票，但我们的票是要先到兑票窗口换入场券的。于是我们先换了两张，似乎还要等着另外一个什么人，所以另一张就先没有换。

我们在售票口等那个人时，我看到单位一个怀孕了的女同事挺着肚子从一个扶手电梯上来了。我们似乎本来就知道她要来，但她不是我们要等的人。我有点想过去和她打招呼，还看到她穿了和嘻哈哥哥一个色系的衣服，像是和他穿了情侣装似的，但是嘻哈哥哥握紧了一下我的手，示意我不要过去。可能是时间还早她没有过来换票，先在电梯口休息区的椅子上坐了下来。

这时候我们把另一张票也兑换了，拿着三张票，还领了三个荧光手，就是看演唱会时搞气氛的那种。我问票务员有没有荧光棒，她回答我们这个荧光手更好，等下一见光就会变得很亮，并教我们把这个荧光手像戴手套一样戴到自己的手上。我认真看了下那个荧光手，果然在最下面有个很小的洞洞，心想，这么小的洞洞我们能戴进去吗?

然后我们就进场了，嘻哈哥哥说早点进去不会和别人挤。经过很多人，我们到了入口处，看到里面有歌迷在排队了，是孙楠歌友会的，都穿着蓝色衣服围白色围巾。我们没有排那个队，因为我们是 VIP。进到演播大厅，我看到这里有些像电影院，不像是体育场那种感觉。嘻哈哥哥说我们在第六排，是很靠前的位置，那里也已经稀稀拉拉坐了一些人。

我们在过道往前走，这时嘻哈哥哥放开了一直拉着我的手，意思是怕里面有熟人看到。我们就在走道里往前走，里面光线是有点暗暗的，他走在我的前面找位置，我就一直跟着走，因为我们的位置比较靠前，走了好久才到。

中间好几次我因为看不太清楚台阶扭了脚，都差点摔倒。然后嘻哈哥哥说第六排到了，没有看座位号，直接示意让我坐在了最中间，他坐在我旁边。我们坐下后旁边也坐下了几个人，挨着我坐的是一个女生。

我们前面一排坐的也是一对情侣，男生是坐在我前面，女生坐在嘻哈哥哥前面。但是那个男生个子很高，完全挡住了我的视线。嘻哈哥哥就贴近我耳边柔声问我，是不是他挡住你了？接着就要求他们两个换一下位置。

这时，我们忽然间有什么急事，就起身走了，没有看演唱会了。

这就是整个的梦境。为了解开这个梦境，我们有必要先来作一些背景资料的介绍。

妹妹哈哈是一个纯洁可爱、天真无邪的80后快乐女孩。她在单位里有两个最要好的朋友，一男一女。男的是她崇拜的偶像，像大哥哥一样呵护她，就是梦中的嘻哈哥哥；女的是嘻嘻姐姐，她像大姐姐一样，两人亲密无间，几乎无话不说。这三个人志趣相投，只要聚到一起，真的可以用快乐无边来形容。他们在一起会玩得很开心，并且到处旅游和玩耍，哈哈妹妹很享受这种时光。

可是好景不长，过了一段时间，嘻嘻姐姐离开了所在的公司，到了另外一个城市的公司去了，三人之间的平衡打乱了。虽然三人仍然保持着密切的网络热线联系，并且每年都会抽出时间来相聚，但是对于梦女来说，似乎过去的快乐时光一去不复返了。现在嘻哈哥哥仍然像过去那样呵护她，两人之间有时候也会在一起玩，不过，梦女总觉得两个人的快乐没有三个人的快乐那样让人尽心尽兴。因为毕竟是一男一女，虽然没有什么，但总是要避嫌的。如果是三个人在一起，就不怕别人说闲话，玩起来也会更尽兴些。

比如说最近要上映一部新的电影，哈哈妹妹很想去看，就邀嘻哈哥哥一起去。在她的软磨硬泡下，嘻哈哥哥当时答应了。但是，电影上映了之后，嘻哈哥哥又找借口不去了。梦女知道嘻哈哥哥是避嫌，怕公司里的人看到了不好。对于梦女来说，自己也没有做错什么，怕什么！

发生了这样一件事情，让妹妹哈哈有点小小的失落。在一个偶然的机会，哈哈妹妹在整理自己手机中的相册时，看到了嘻嘻姐姐在离开之后发给自己的彩信，哈哈妹妹一个也没有舍得删除，全部存在手机里。看到手机里嘻嘻姐姐的照片，让哈哈妹妹感叹不已：要是嘻嘻姐姐在就好了，三个人在一起多快乐啊。

上述的这个梦，就是在这样的背景下做的。下面我们来分析这个梦境。

梦境的第一段，是嘻哈哥哥很温柔地拉着哈哈妹妹的手去看演唱会。这与嘻嘻姐姐最近跟梦女提到的要去看王力宏的演唱会有关。至于为什么没有梦到王力宏演唱会而是孙楠演唱会？我问梦女对孙楠的印象，梦女的回答是"声音好听、淳朴"。我想这一方面源于梦女曾经说过的嘻哈哥哥的声音特别好听；另一方面可能源于一种安全感的需求，因为他淳朴。

我们看到，梦境中嘻哈哥哥对梦女很细心呵护，这一方面符合现实的情况，另一方面也表达了哈哈妹妹内心对这种关系的需求。但是，为什么两个人看却是三张票呢？还在等待谁呢？其实等待的就是那个缺少一个就不能尽兴的嘻嘻姐姐，因为在哈哈妹妹看来，如果嘻嘻姐姐在，他们干什么事都有可能，但是，如果嘻嘻姐姐不在，那就似乎缺少了什么。于是，哈哈妹妹渴望嘻嘻姐姐的加入。

然后梦境就转到看到单位一个怀孕了的女同事挺着肚子从一个扶手电梯上来了。哈哈妹妹渴望那第三个人的加入，于是来了人就很开心，希望就是自己要等待的嘻嘻姐姐，就有上前去打招呼的冲动，但是，却被嘻哈哥哥给拦住了。特别有意思的是，这个孕妇还穿着跟嘻哈哥哥一个色系的衣服，似乎是情侣装，按道理应该是他们要等的人。

一方面，这个孕妇跟嘻哈哥哥穿着情侣装，说明要等的人是跟嘻哈哥哥有某种联系的人。但是，另一方面，她又不是要等的人。为什么呢？因为孕妇在梦境中的象征意义。如果要等的是一个孕妇，而且还跟嘻哈哥哥穿着情侣装，那么，在梦境中的象征意义就是这个人一定与嘻哈哥哥有某种“暧昧”的关系。但是，梦境肯定了“她不是我们要等的人”，而且嘻哈哥哥还阻止自己过去跟她打招呼。这一梦境，正说明了梦女哈哈心中的嘻哈哥哥跟嘻嘻姐姐之间的关系。

在哈哈妹妹心中，嘻哈哥哥跟嘻嘻姐姐其实有很多相似之处，他们两人有着很多共同的兴趣和爱好，平时都是惺惺相惜的。而且在梦女看来，他们两人之间在精神层面上的共识是自己无法达到的，所以在某种程度上来说，他们俩更近。但是，有一点梦女可以肯定，那就是他们两人之间的关系是十分正常的，没有半点的“暧昧”。这一想法就在梦境中得以反映——外表相似但是没有实质关系，所以必须排除孕妇。

当然还有一点，梦境中出现这个孕妇与梦女在空间中写日记有关。因为梦女在日记中写到嘻哈哥哥的时候，都是用一个英文的代码 C，而这个代码 C，正好与这个怀孕同事的名字 C 相类似。梦女当时想了一下这个巧合，没想到就这么一个转眼即逝的念头，就进入梦境中来了。

接下来就是梦女愿望的达成。没有等来要等的人，但是，就像掩耳盗铃一样，他们还是换了三张票，还领了三个荧光手。这是一种典型的愿望达成，人没有来没有关系，我们把位置留下来了，就当人来了一样，只有这样，才能够尽兴快乐。这是梦女潜意识深处的想法，在梦境中不由自主地表达出来了。

荧光手是演唱会搞气氛时用的，它的象征意义就是开心和快乐。至于说梦女为什么要荧光棒，不得而知，只可能与个人喜好有关。但是，接下来荧光手下面的小洞洞就很有寓意了，因为洞洞太小，似乎戴不进去。这意味着的是，空间太小了，能容得下我们三个人的快乐吗?

接下来的梦境是进场。梦女发现很多歌迷在排队，这暗喻着嘻哈哥哥的魅力如同孙楠一样。但是，自己是嘻哈哥哥的VIP，所以不用排队就能享受到优先的服务，可以近水楼台先得月。至于为什么从演唱会场馆变成了电影院，因为梦女想看的是电影不是演唱会。而孙楠的歌迷们穿的蓝色衣服围白色围巾，梦女说她临睡之前在衣柜里找衣服时曾经看到过这样颜色的衣服。

然后的情节就是梦女失落心情的展现了。因为“在过道往前走，嘻哈哥哥放开了一直拉着我的手，意思是怕里面有熟人看到”，这就是梦女觉得两个人没有三个人好玩的根本原因。因为两个人有顾忌，而三个人是没有顾忌的。因此，失落的心情已出现，整个场景就会跟着配合，所以光线也变暗了，并且走了很久才走到。

不仅如此，梦境还将梦女受委屈的心理状态表现得淋漓尽致，因为在进场的过程中，梦女有好几次“因为看不太清楚台阶扭了脚，都差点摔倒”。这就是梦女受委屈的心态的显现，这个潜台词就是怪嘻哈哥哥没有照顾好自己，所以弄到自己受伤。也就是说，这一段梦境是梦女对嘻哈哥哥不陪她看电影的责怪，通过这样的场景设计来给自己一个充足的理由责怪他。

但是，梦女从心底里还是知道嘻哈哥哥对自己的关怀的。因此，在小孩子脾气耍完之后，梦女又通过梦境中嘻哈哥哥要求前面一排人换座位的情节来向自己展示他对自己的呵护，从而使自己内心所希望的愿望达成。

最后一段，演唱会还是没有看成，因为忽然有急事走了。这与现实情况是吻合的，现实是电影上映时，嘻哈哥哥又因为有事而没有跟自己一起看电影。

2. 三人间——妹妹哈哈的梦

在这之后，我又收到了妹妹哈哈的一个梦，下面就是她的梦境：

我梦到姐姐嘻嘻、嘻哈哥哥和我，我们三人外出游玩，去了某休闲中心，外观看来很壮观却又有些老气。

进去之后我们想选择一个三人挨着的房间，每人一间。但是，我们发现服务员很少，他让我们自助，说这里全电子化，是最先进的酒店管理模式。

于是我们走到一个电子屏幕的前面，触摸屏的，有房间的排序图，我们可以触摸选择我们想要的房间。我赞叹道果然很先进呀。可是看着明明是有三个房间的，却都不挨着，找不到我们想要的房间。

接着我们就继续往前走，准备到前面去看看有没有别的可以玩的项目。这时候到了另一个电子显示屏前面，我们准备玩棋牌，看到刚好有一个三人间的，于是很开心，就想去选取。可是一点，三人间的一下子就变成两人间的了，总是这样变来变去，无论我们怎么点都选取不到我们想要的……

梦就结束了。

我们看到，这个梦真实地表达了妹妹哈哈潜意识中的想法，那就是心里想着要三个人一起分享快乐，但是，潜意识中却是拒绝这样的想法的，还是希望二人世界。

下面我们来详细分析。

梦境的第一段，表达的是一种三人同行的愿望。但是，这种愿望也是美中不足，因为“外观看来很壮观却又有些老气”，这句话的潜意识台词就是表面看来很好但实际并不好。这是不是对三人关系的定义？

第二段，表达的仍然是一种三人同行的愿望，因为“我们想选择一个三人挨着的房间”。但是，仍然事与愿违，因为这里是“自助”的，是“最先进的管理模式”。这句话的潜意识台词就是，能不能三人行，其实是自愿的，不能被安排的，这种模式是最先进的，是符合潮流的。

接下来第三段梦境，看到这种愿望似乎触手可及，因为“我们可以触摸选择我们想要的房间”，哈哈再次对这种模式表达了赞叹“果然很先进呀”。这句话的潜意识台词就是，这可不是我安排的，这可是老天爷定的，而且我们是可以有机会在一起的。但是，接下来的梦境却仍然是愿望不能实现，因为“可是看着明明是有三个房间的，却都不挨着，找不到我们想要的房间”。你们说，这不是哈哈在梦境中故意设置的刁难环节又是什么呢？

梦境的第四段，仍然是哈哈在梦境中设置的陷阱。哈哈在梦境中又吊起一个希望，让人感觉似乎换一种形式就有机会——“去看看有没有别的可以玩的项目”。果然机会来了，因为“刚好有一个三人间的”，于是觉得“很开心”。在这里，哈哈的开心是不是假的呢？其实不是，是真的开心。在哈哈的意识层面，她是希望三人同行的，因为她很留恋过去那种三人同行的快乐，所以，她还是有这种愿望的。但是，意识是斗不过潜意识的，因为潜意识的愿望是与此相悖的。

潜意识的想法是什么呢？那就是渴望两人行。于是，哈哈的潜意识又在梦境中设置了障碍，让意识的愿望无法达成。因此，我们看到，电子屏幕就像在故意捣乱一样——“可是一点，三人间的一下子就变成两人间的了，总是这样变来变去，无论我们怎么点都选取不到我们想要的……”

那是当然，怎么可能让这种三人行的愿望成真呢？这就是妹妹哈哈潜意识的真实想法。所以，我告诉哈哈，你的出发点是好的，善良的愿望也是好的。但是，只是看上去很美，你是不会让这件事情发生的，因为你的潜意识其实是排斥这种事情发生的，你内心深处渴望与嘻哈哥哥有更亲密的关系而不是维持这种三人行的关系——虽然你的意识仍然觉得三人行并没有什么不妥。

3. 不仅仅是似水年华——嘻嘻姐姐与哈哈妹妹共同的梦

前面我们已经介绍了，嘻嘻姐姐、嘻哈哥哥以及哈哈妹妹以前是一个单位的，后来因为嘻嘻姐姐追求自己的职业理想去了外地，与嘻哈哥哥和哈哈妹妹分开了。虽然如此，三人之间仍然保持着密切的联系和沟通，会经常聚在一起，有时候相聚在嘻嘻所在的城市，有时候又相聚在三人原来在一起的城市。更多的时候，他们会给自己一些理由然后约定某个地方一起去玩，如其中一个人的生日聚会，或者说一起去香港迪士尼玩，一起去北京看奥运，冬天一起去北方看雪、泡温泉，一起去厦门看王力宏演唱会等，自然也少不了去繁华的上海滩最高楼看美丽的夜上海，以及远离繁华都市到幽静的江南小镇乌镇去感受水乡之美。

不过，嘻哈哥哥由于商务繁忙，并不是每次都能够跟姐妹俩聚在一起玩。这样的话，姐妹俩虽然也会玩得很尽兴，但是总有一种美中不足的感觉，觉得缺少了点什么。比如说去年 8 月，姐妹俩约好去乌镇玩，本来嘻哈哥哥说好也一起去的，可由于临时公务不能按时参加聚会，后来只好赶到上海带着姐妹俩畅游了夜上海。

转眼一年过去了。有意思的是，在 7 月的某一天，姐妹俩在 QQ 上聊天，竟意外发现前一天晚上两人竟然做了同样的一个梦。这让两姐妹觉得十分惊奇，这是怎么回事？难道真的有心灵感应吗？

于是，两人很兴奋地将这两个梦的内容发给我，让我看看是怎么回事。下面就是梦的内容。

【哈哈妹妹的梦】

做梦日期：7 月 12 日，周一晚

梦见跟嘻嘻姐姐一起去乌镇，很美的地方。在桥上遇见了长得像嘻哈哥哥的一个男生，然后嘻嘻姐姐说了几句什么话，就一起玩了起来。

路边不知道什么地方在放歌，是周杰伦的《简单爱》。

我们在桥上吃了一个冰棒，长得像嘻哈哥哥的男生帮我们照了跟上次我们在乌镇时一样的合影。还看到了一个很高的杆子冲到天上，很像嘻哈哥哥一张照片里的。

然后，很晚了，我们就回家了，男生坐的国际航班走了。可惜的是，我们忘了找他要联系方式……

【嘻嘻姐姐的梦】

做梦日期：7 月 12 日，周一晚

梦到我背着一个在淘宝网买的“海报包”来到了乌镇，我很高兴，不知道是因为这个“海报包”我很喜欢，还是因为再次来到了这里。我看到了乌镇那句最著名的广告词“来过，就不曾离开”，心里感触很深！想想，上一次是跟哈哈一起来的，这一次不知道会有什么奇遇。

远远地，我看见走来了两个人，很熟悉。我的神，是哈哈妹妹和嘻哈哥哥！“你们怎么也来这里了呢？”我问。“因为你来了呀，我们不是一起来过就不曾离开嘛！”我不记得这句话是哈哈说的还是嘻哈哥哥说的。我当时听了心里好温暖。

我们一起游了夜河，哈哈用很大的声音唱了《风筝》，这一次听起来一点都不伤感。我记得上一次，哈哈是放了她手机里陈升唱的版本。这一次也放了，但是哈哈的声音很大，听不见手机声了。哈哈还是喜欢那句：“因为我知道你是个容易担心的小孩子，所以我把线拉紧，让你不会飞得太高。”

我们还去了上次一起去的那个酒吧。那个原创歌手的吉他弦断了，于是我就上去唱了，是清唱的，没有伴奏，好像唱的是《唯一》。后来发现这里有湖南卫视，我们没看，回自己的房间看的。我们住的三人间，和上次住的那间一个样子。奇怪的是，并不是因为没有房间才要三人间，而好像我们一开始就是这样订的房。我们看到王力宏也唱的《唯一》，我们就笑了起来。

那个晚上，好像边笑边睡了。第二天，嘻哈哥哥穿了一件白色的背心打太极拳，我们在一边照相。好像没有一起做什么事，但又是在同一个地方玩乐!

这就是嘻嘻姐姐和哈哈妹妹在同一天做的几乎相同的一个梦。为了便于我解梦，她们还将这几天的生活记录发给了我。下面就是她们的记录：

妹妹哈哈当天的活动：考试。帮嘻嘻姐姐的网店2号店做客服，拓展客户，小有成绩。要回老家，后来妈妈又说不去了，妈妈要去北京。

姐姐嘻嘻当天的活动：减肥，冲网店的业绩，写小说。F4（嘻嘻在武汉的四个好姐妹）其中三个提议要一起出去旅行，在凤凰和乌镇两个地方选。我既不提倡也不反对，想想应该不好玩，但觉得是集体活动还是要参加。芳芳说想去看世博，我和笑笑都拒绝了，佳佳也去过了。我和其他两个人都想去乌镇，特别是她俩，说看了我的日记，很想去。而我似乎想去，但又不是这样去。.

此外，嘻嘻与哈哈两个在做梦当天，一起在QQ上聊了一些事：一起谈过周围的客户资源，谈业绩，说怎么做推广。还谈了跟嘻哈哥哥一起去看世博的事情，也看了空间里三个人在一起玩时的相片，还说有一些地方没有一起去过。然后，嘻嘻说在迪士尼买的笔坏了，于是，两人说好各自在家里办港澳通行证，说不定哪天就再去一次。

因为临近嘻哈哥哥的生日，两人还一起谈过送嘻哈哥哥的礼物，开心得要死。第二天她们很兴奋地告诉对方做了什么梦，发现两人居然同一天做了几乎一样的梦。

这就是两人同梦事件的始末。看了嘻嘻哈哈两姐妹在做梦之前的一些聊天内容，觉得两个人做同样的一个梦其实并不奇怪，因为两个人聊的一些话题中其实已经与乌镇直接或间接有关了。再加上三人商量好一起去看世博，自然而然地联想到去年才去过的离上海很近的乌镇是很正常的事情。再加上嘻哈哥哥的生日临近，以往过生日三人一般都会聚一聚，因此，提前做梦梦到三人相聚也是情理之中的事情。

仔细看完梦境之后，我发现，嘻嘻与哈哈两个人虽然做的都是乌镇的梦，但是，梦境所表达的内心世界却全然不同，充分表达了梦境只是心灵的媒介物而已。

下面我们就来看看，两个人的梦表达了什么不同的心理。

先来看哈哈妹妹的梦。

哈哈妹妹的梦很简单，主题也很清晰，就是“盼望在一起”。

梦境的第一段是梦见跟姐姐嘻嘻一起去乌镇，感觉很美，并且在桥上遇见了长得像嘻哈哥哥的一个男生，然后大家就在一起玩了起来——大家在一起。

梦境的第二段是周杰伦的歌《简单爱》，还是希望大家在一起的那种感觉。

梦境的第三段是吃了一个冰棒，照了跟上次我们在乌镇时一样的合影。还看到了一个很高的杆子冲到天上，很像嘻哈哥哥一张照片里的情景——同样是希望在一起的感觉，只不过合影没有嘻哈哥哥，所以就出现曾经在嘻哈哥哥的照片中出现过的情景。

最后一段是要回家了，男生坐国际航班走了。可惜的是，我们忘了找他要联系方式——这一段是点题。男生坐的国际航班，意味着相隔千里，难以相聚，是一种盼望的情绪。而忘了找他要联系方式所造成的遗憾，是较长时间没有联系的写照，表达了哈哈妹妹思念嘻哈哥哥的心情和失落感。

下面我们再来看嘻嘻姐姐的梦境。

嘻嘻姐姐的梦境看起来复杂一些，但其实主题也很清晰，就是“喜欢在一起”。

梦境的第一段是梦到背着一个在淘宝网买的“海报包”来到了乌镇，心里很高兴，搞不清楚高兴的原因。此外，还看到了乌镇那句著名的广告词“来过，就不曾离开”，心里感触很深！想到上一次是跟哈哈一起来的，这一次不知道会不会有奇遇——梦境的一开始就表达了一种兴奋的心情，表达出对乌镇的一种留恋以及对此次旅程的一种期盼：希望遇到奇迹——这同样是期盼三人在一起的一种心情。

梦境的第二段是果然遇到两个人，正是心里盼望的哈哈妹妹和嘻哈哥哥。当嘻嘻感到十分惊奇时，那句“因为你来了呀，我们不是一起来过就不曾离开嘛”令嘻嘻听了心里好温暖——这一段是梦想成真，当潜意识希望奇遇时，嘻哈哥哥和哈哈妹妹在梦境中就真的出现了。而且，理由很简单“因为一起来过就不曾离开”，这充分表达了嘻嘻内心深处对三人友情的一种眷恋，希望这种友谊天长地久。

梦境的第三段是三人一起游了夜河。梦境中又出现了一首歌《风筝》，这一次听起来一点都不伤感（看来这是一首伤感的歌）。这还是表达了嘻嘻对三人友情的喜爱，梦境中哈哈喜欢的歌词就是嘻嘻喜欢的歌词，这个歌词表达了嘻嘻和哈哈对嘻哈哥哥的一种依恋之情。

梦境的第四段有点像回忆，因为去了上次一起去的酒吧。歌手的吉他弦断了，嘻嘻还上去唱歌了，是清唱的，唱的歌是《唯一》（我不知道这首歌的内容）。后来发现这里有湖南卫视，他们没看，回房间看的。住的是三人间，和上次住的那间一个样子——这一段表达的是一种怀旧的心情，一种对锵锵三人行的享受。

最后一段梦境是一种美好的生活场景的描述：好像没有一起做什么事，但又是在同一个地方玩乐——生动地表达了这种锵锵三人行的状况。

所以，我们看到嘻嘻和哈哈的这两个梦，虽然梦到的是同一个地方乌镇，并且有着一些类似的场景描述，但是，总体而言，表达的却是不同的情绪。

妹妹哈哈的梦，更多的是一种期盼，一种似乎是长久没有联系后的思念，一种失落的心情，是两人在聊到这些话题后的感触。

而姐姐嘻嘻的梦却正好相反，更多的是一种 ENJOY（享受），是一种三人在一起时开心愉快的感觉。虽然也带有期盼，但是，这种期盼更多的是对在一起之后那种快乐的盼望，而不仅仅是期盼这件事情。

因此，两个类似的梦，有着同样的渊源但却表达了不同的主题和做梦者不同的内心世界，我将之命名为——相同的情，不同的绪。

当我把上述解梦发给嘻嘻姐姐和哈哈妹妹两姐妹时，妹妹哈哈觉得解得很好，自己似乎就是这样的一种心理。姐姐嘻嘻的表现就不同了，不是简单地认同，而是表现出非常激动的情绪，觉得整个解梦完全把自己的内心戏表达得淋漓尽致。

姐姐嘻嘻更对解梦作了进一步的阐释：

哈哈的主题是“盼望在一起”，大家想想，盼望是一种希望，一种内心的愿望，有时这种愿望人们宁愿跟上帝或者圣诞老人说，也不愿意跟自己希望见的人说。更何况，梦侦探把哈哈的心理解得如此清楚：“一种似乎是长久没有联系后的思念，一种失落的心情。”

而本人嘻嘻，为什么会如此激动呢？因为我觉得梦的主题——“喜欢在一起”，充分表达了我的内心世界。

谈恋爱时，如果一个人对另一个人说“我喜欢你”，另一个人的回答是“我也是”，大家想想，当事人的反应是什么？当然是快乐得冲上了云霄！当然，我这个例子可能举得不恰当，但是“情”这个字无外乎就是这个道理。所以，当我看到“嘻嘻更多的是一种 ENJOY，是一种三人在一起时开心愉快的感觉。虽然也带有期盼，但是，这种期盼更多的是对在一起之后那种快乐的盼望，而不仅仅是期盼这件事情”时，就如同蓦然回首，知己就在眼前的感觉啊。

不过，梦侦探觉得这个梦还有一些需要补充的。可能是因为代沟的原因，他不知道这三首歌是表达什么意思的，想要本人对这三首歌的意思进行阐释，以便更好地理解梦境以及梦境所要表达的主题。

我想不管是哈哈还是嘻嘻，在做梦的时候，都不会知道为什么会梦见这三首歌。

我截取了这三首歌中一些有代表性的歌词跟大家一起讨论：

1.《简单爱》

说不上为什么 我变得很主动 若爱上一个人什么都会值得去做

我想大声宣布 对你依依不舍 连隔壁邻居都猜到我现在的感受

河边的风 在吹着头发飘动 牵着你的手 一阵莫名感动 我想带你回我的外婆家 一起看着日落 一直到我们都睡着

——这一段歌词是说在哈哈妹妹的心里，她觉得大家像家人，喜欢一家人在一起的感觉，一种渴望再相聚的情怀。

2.《风筝》

因为我知道你是个容易担心的小孩子 所以我将线交你手中 却也不敢飞得太远

不管我随着风飞翔到云间我希望你能看得见　就算我偶尔会贪玩迷了路也知道你在等着我

我是一个贪玩又自由的风筝　每天都会让你担忧　如果有一天迷失风中　要如何回到你身边

因为我知道你是个容易担心的小孩子　所以我会在乌云来时轻轻滑落在你怀中

——这首歌是嘻嘻梦见哈哈妹妹在唱，其实，是代表着嘻嘻自己的想法，表达的是嘻嘻对嘻哈哥哥的依赖。为什么会梦见哈哈妹妹在唱呢？是因为现在的哈哈妹妹就像自己当年的影子。虽然是一首陈升唱的歌，在嘻嘻看来，她再也不觉得悲伤了，更多的是，她相信不管大家飞得多高，离得多远，只要有风筝的线在，就能在想念的时候一起相聚！

3.《唯一》

我的天空多么的清晰　透明的　全都是过去的空气　牵着我的手是你　拌你的笑容　却看不清

是否一颗星星变了心　从前的愿望　你全都给抛弃　最近我无法呼吸　连自己的影子　都想找你

oh baby 你就是我的唯一　两个世界都变形　回去谈何容易

确定你就是我的唯一　独自对着电话说我爱你　我真的爱你

Baby 我已不能爱你多一些　其实早已超过了爱的界限

——最后这首歌，先是嘻嘻一个人在唱，其他两个人在听，后来是一起听别人唱。这是表达：在嘻嘻的心里，觉得三个人的情感已经超越了“爱的界限”，她也深信她在意的这两个人也是这样想的。

4. 三人游——梦想开始的地方

在分析完上述的梦境之后，姐姐嘻嘻又给我写来一封邮件，下面是邮件的内容：

原本以为“乌镇之梦”已经解得很精彩了，但那只是对写作者而言，其实对做梦者所带来的影响远远不止当时看到那个梦时的感触，那只是真正挖掘到人内心很多情绪的一个出口，而走出去的“快慢”在于做梦者本身是否愿意接受这种诠释。

我认为这一次的解梦是成功的，因为在这个梦被“破解”后的第二天下午，也就是在嘻哈哥哥也看到了嘻嘻姐姐和哈哈妹妹的解梦之后，他口头答应今年争取陪两姐妹一起去乌镇游世博，之后，哈哈妹妹与她的嘻嘻姐姐又进行了一次情感交流：

哈哈

我们，真的会去吗？乌镇呀。

嘻嘻

会的，你怎么突然问这个呢，又看照片了？

哈哈

昨晚我后来看你写的……真的觉得好美呀，三个人手拉手看蓝天，我甚至在想，我们还订上次的那个房间哈。

嘻嘻

似水年华三人间？

哈哈

是的，临水的。想打电话告诉你的，后来困了，睡着啦，就没有打。

嘻嘻

你打电话让我订房？哈哈哈！

哈哈

呵呵，我还在想，我们穿什么睡衣呢？

嘻嘻

呃……我无所谓，你也无所谓。最主要的是我们的嘻哈哥哥……

哈哈

真好真好，想想都觉得好美呀，游船、夜游，哈哈哈！

嘻嘻

嘻哈哥哥不是说过了，你想什么就是什么。

哈哈

真的吗？真的会成真吗？

嘻嘻

会的，这不是小哈的心愿和小嘻最喜欢的事吗？

哈哈

真的觉得好开心呀，能在一起，你都不知道我多么想三个人在一起啊！嘿嘿，我们英明的嘻哈哥哥会实现我们的愿望吗？

嘻嘻

你昨天不是还没什么感觉吗？今天怎么激动起来了？慢热的人。

哈哈

嘿嘿……昨天晚上后来就开始激动了嘛，你们都睡了呀！

嘻嘻

哈哈哈，小意思，小意思，话说：亲密无间，想见就见。

哈哈

一想到细节就开始乐呵了。

* 嘻嘻 *

估计宁静的镇会变成热闹镇了，这个似水年华也要改写了。

哈哈

不会不会，我们是那种会应景生情的人，不同的情，相同的绪，哈哈哈……

乌镇呀乌镇 ~~~ 我们的家乡！！我们的梦想 ~~~~~

* 嘻嘻 *

哈哈哈，你小样哦。

哈哈

你说，我们三个人住在一个房间是多么有趣的事情啊。

* 嘻嘻 *

呃

哈哈

如果去，我们真的可以住在一起吗？

* 嘻嘻 *

你还记得那个房间吧？

哈哈

HOHO！！！！不好意思了……

* 嘻嘻 *

你是想住还是不想住？把我搞糊涂了。

哈哈

想住，想住。太想住了！嘿嘿！

＊嘻嘻＊

哈哈哈，我们俩可以有N件一样的YY（衣衣）。嘻哈哥哥给他订个大码女装。

哈哈

嘿嘿……有吗？有吗？

＊嘻嘻＊

2号店有。

哈哈

我们三个要穿情侣睡衣吗？

（发送三人图片，无法在此显示）

2008年照片

＊嘻嘻＊

呃……这一件火红的，在乌镇是不是太……

哈哈

2009年照片

＊嘻嘻＊

白的，白的。

哈哈

2010年照片

＊嘻嘻＊

给嘻哈哥哥准备一个吊带。

哈哈

嘿嘿……不要太……过火哦。

＊嘻嘻＊

长的，加长的。

哈哈

就差 2010 年夏天了。哈哈!

嘻嘻

包住毛腿。

哈哈

好，你来找一件……哈哈!

我来拍照……S 系列。

嘻嘻

人家说里面住了三个美女，我把我的假发带着，给嘻哈哥哥打扮一下。

哈哈

哈哈哈……

嘻嘻

我跟你说哈，这个嘻哈哥哥不见鸟，估计约会去了。

哈哈

不是，他没有约会。

除了我们，他约谁哈，O(∩ _ ∩)O 哈哈哈!

嘻嘻

呃……你是说，他只认识我们两个好造孽啊!

哈哈

不是不是，认识他的，又何止两三千，但是，没用啊，我们是他心中的最 LV！！

嘻嘻

LV？？？我是 LV7 级。

哈哈

LOVE=LV= 最珍贵，LV 很贵的好不好?

＊嘻嘻＊

晕晕晕!

哈哈

我们都 LV7 了，超级 VIP 哈!

＊嘻嘻＊

我还要告诉你一件事，乌镇开了一个 SPA，还有黄磊在那里开了一个红酒 Bar，还有后面有一个故事，我发给你看。

（一个网址）

哈哈

哇！太帅了呀，O(∩ _ ∩)O 哈哈哈 ~

把上述的对话发完之后，嘻嘻姐姐作了最后的总结：

从做梦，到解梦，到梦的症候群……人生如梦，戏如人生。

祝愿嘻嘻哈哈美梦成真!

我们看到，这一段的内容没有梦境，有的只是嘻嘻姐姐和哈哈妹妹的对话，表达了姐妹俩对即将来临的乌镇三人行的憧憬和向往，以及小女生之间的一些古灵精怪的想法。不管怎么样，洋溢着一种快乐的情绪，让人感受到一种对美好生活的热爱，能有这样一种情怀，真的是非常打动人心。

然而，这样一种快乐，这样一种憧憬，结果会是什么样的呢？会不会如两姐妹所憧憬的那般美好和浪漫呢？这中间会徒生出什么意外的情况吗？

5. 梦想结束的地方——姐姐嘻嘻的高空来信

不久之后，姐姐嘻嘻和妹妹哈哈的愿望成真了！嘻哈哥哥请两姐妹一起去上海看世博，当然也漏不掉她们的最爱——乌镇。

然而，事情的结局却出乎人的意料之外，在这次旅程之后，姐姐嘻嘻给我发来了一封信，看完这封信，让人欷歔感叹。下面是姐姐嘻嘻给我的来信（注：除了解梦的内容是我根据嘻嘻来信中的梦境所作的即时分析之外，其余都是嘻嘻给我的信件内容）。

梦侦探，你好！

2010 年 8 月 6 日，我和哈哈妹妹如愿以偿，与嘻哈哥哥一起去了江南乌镇，以及去上海看了世博。

乌镇是我心心念念的地方，那里有我喜欢的美景，有我喜欢的宁静，也有我喜欢的故事，人生若无故事，则一潭死水。所以，约上喜欢的人儿，我们一起快乐出发。

乌镇之行，如想象中一样，快乐，宁静，清晰，好心情。

回到上海，嘻哈哥哥因为有点事情出去了，我也推掉了约好的朋友聚会，一则想好好休息一下，二则也避免哈哈妹妹跟着我去了无聊。

于是，吃过晚饭，我们就留在酒店看《快乐大本营》，这一期有我喜欢的歌手，所以我很高兴地看着。中途加广告的时间，我用来整理在乌镇的照片，因为有好多照片都需要重新颠倒，我一张张地整理。累归累，但是，看见美美的照片，心情大好。

整理完后，我打算存在嘻哈哥哥的手提电脑里。我想嘻哈哥哥应该和我一样有固定存照片的盘，于是，将这些照片存在了嘻哈哥哥常用的盘里。

嘻哈哥哥也是个爱秀的人，于是我随意翻看了一下他 2010 年去了哪些地方。当我打开一个文件夹时，发现了妹妹哈哈的照片，我心想，这两个家伙又到哪里去玩了，都不告诉我。但是，那是一种俏皮的心情，因为嘻哈哥哥和哈哈妹妹在同一个城市，一起出去玩玩是很正常的。看了几张，《快乐大本营》要开始了，我打算关上电脑，但是一刹那，我看到了妹妹哈哈的一些照片，感觉有点不对劲。一张张地翻过去，居然有一些是在酒店穿着很少、很隐私的衣服自拍的。

我吓坏了，这是哈哈妹妹吗？怎么会是这样的照片呢？我有点不明白，因为自己也是爱自拍的人，但是……

于是，我突然觉得在我眼前正在看电视看得呵呵乐的那个哈哈妹妹好陌生。这样的照片出现在嘻哈哥哥的手提电脑里，让我很费解，是自拍了再发的？还是本来就是在一起的？

回想起出游前哈哈妹妹对我说，一定要说服嘻哈哥哥跟我们住同一间房间，这样多幸福多温暖，我还在觉得这是个好主意。可是，当看到这些照片时，一切仿佛变了味道，甚至觉得自己变成了一个多余的人！

随之而来的是一种很害怕的感觉，其他的人应该是无法体会的。我突然觉得自己身边的一切都不真实了，我仿佛一下子不认识和不了解身边的人了。原来，我所认为的快乐是不长久的。

于是，我安静地看完了《快乐大本营》。没一会儿，嘻哈哥哥也回来了，大家有的没的聊了一些事情。我记得说到一件事，就是我将照片传到空间之后，被我们过去的一个共同的同事看到了，于是这位同事就通过 QQ 与妹妹哈哈聊起天来，谈论我们仨去乌镇的情况，说我们仨都瘦了等。

嘻哈哥哥一回来，哈哈妹妹就告诉了嘻哈哥哥这件事情。但是，嘻哈哥哥是个谨慎的人，觉得不应该让外人知道我们仨的行踪，于是说了两句，说怎么这么不小心呢，这么快就传出去了！哈哈妹妹就说，是嘻嘻姐姐上传照片时可能还没有来得及上锁造成的。我当时就想，怎么可能呢？我是上了锁的啊，这点小事也用不着这么快打小报告吧。但是嘻哈哥哥也没有继续追究，而是问哈哈妹妹有没有刷牙。哈哈回答说没有，于是哥哥便叫上哈哈两人一起去洗手间刷牙了。而我呢，就在桌前写了一篇日记，然后上床睡觉了。

睡觉的时候，哈哈妹妹让我睡在靠近嘻哈哥哥的那一边，而自己睡在另一边，我当时心里觉得怪怪的。我记得睡前，嘻哈哥哥说这样大家住在一起还是对的，把灯关了，大家还可以一起聊聊天，很不错。

是啊，确实不错，可是，现在的我，只想闭上眼睛睡觉。

而我身边的妹妹哈哈，仿佛变成了一个我并不认识的人，好希望天上能降个飞碟把我带走。

于是，我就迷迷糊糊睡着了，结果做了一晚上的噩梦……

【噩梦一】

我拿着银行卡去取钱，输入密码，出现了一串奇怪的数字，很长很长。我想把卡取出来，可是没有操作页面，我有些心急了，不停地往操作机上敲打。突然页面上一连串奇怪的人名出来了，在最后的落款上竟然写的是国家安全局调查人员名，还有国际反恐组织提供的证据。上面显示，泄露机密者死。我吓了一跳，于是我飞快地跑离自动取款机。

我知道他们会抓到我，但我还是想跑。果然，一堆人高马大、穿着黑色西服的人找到了我。他们把我带到一个岛上，说的语言让我完全听不懂，不像是外语，像是外星球的语言。他们给我的脑袋上贴了很多线，还给我做了一个手术，把我的心换成了一个芯片。我终于明白了，他们不是要杀了我，而是要把我变成不是我……

【梦侦探解梦】

这个梦源于嘻嘻在发现妹妹哈哈的“艳照”之后的恐慌心情，发现艳照，就如同发现一个惊天大秘密一样，因为这是嘻嘻意想不到的关于嘻哈哥哥与哈哈妹妹之间的秘密，这让嘻嘻觉得很恐慌。一方面，这并不是自己故意窥探的，而嘻嘻一定很担心这一点，担心嘻哈哥哥会责怪她窥探他的隐私；另一方面，当嘻嘻发现这一秘密时，顿时有点不知所措。因此，梦境借用在取款机上取款时无意中发现了国家安全局的秘密这样的情节来表达这种意外的发现，而且“泄露机密者死”表达了嘻嘻偷窥到了嘻哈哥哥和哈哈妹妹的秘密这样一种犯罪心理，于是想逃离。

梦境的第二段嘻嘻还是被人找到，但他们说的语言是嘻嘻不懂的，这表达的是嘻哈哥哥与妹妹哈哈之间的沟通是嘻嘻完全不懂的，为什么会变成这样？嘻嘻不明白。而且“他们给我的脑袋上贴了很多线，还给我做了一个手术，把我的心换成了一个芯片。我终于明白了，他们不是要杀了我，而是要把我变成不是我……”这一段表达的是嘻嘻在这种情况下既恐慌又失落的一种情绪，因为嘻嘻与嘻哈哥哥和哈哈妹妹变成了不同世界的人了，双方之间已经难以用过去那种亲密无间的言语来沟通。在发现这个秘密之后，嘻嘻觉得自己已经不再是过去的自己了，似乎整个人都脱胎换骨了一般——原来的心死了，整个心境都被重新格式化了，无法再回到过去的那种美好时光。于是，就像电脑被换了芯片一样，这就是最终的结果——把我变成不是我了……

【噩梦二】

我在学校的计算机研究室里（上大学时我学的是计算机专业），我的导师还在教我画图。突然电脑像发了疯一样出现了很多病毒，电脑在不停地叫，我吓死了。研究中心有一种口令，输入密码以后就可以重新启动，我按此方法操作，却发现病毒可以动起来了，还拼命地往外漫出来，变成了一条条白色的虫子，把整个教室都淹没了。我害怕极了，我的导师因为会游泳，所以逃走了，可是我不会。那些小虫子开始包围我，好多好多，我恶心得想要吐了。后来觉得空气越来越少了，我呼吸困难，我试着把手伸出来，想做一个SOS的手式，可是来不及了，我被全部淹没了……

【梦侦探解梦】

这个梦表达的是嘻嘻在发现哈哈妹妹的照片之后大脑一片空白的感觉，在那个时候，她可能真的会不相信眼前看到的一切，在一刹那她一定会有一种虚幻的感觉。这就是嘻嘻当时的感受。最后病毒变成了白色的虫子，把整个教室淹没，这表达的是嘻嘻在看到哈哈照片之后的强烈心理反应，是一种反胃的感觉，因此梦境通过令人作呕的白色小虫子来达成这样一种效果，令梦女觉得天崩地裂，自己完全被淹没了，心窒息到难以喘气……

【噩梦三】

我陪一个朋友去游乐园玩，她要玩一个叫“十八层地狱”的鬼屋项目，我很不喜欢玩，但还是陪她去了。进去以后，很黑，墙的两边吊满了在受刑的人，他们都光着身子，被人拿着鞭子打，血都溅到我身上来了。我突然感到这绝不是一场游戏，是一个陷阱，是专门引诱人进来的。我试图拉着朋友往反方向走，可是朋友的好奇心太重了，我想跟她分开走，可是我们坐在一个铁车上。突然，铁车像“激流勇进”一样开得飞快，到了一个最高点，摔了下来，我们掉进一个很大的油锅里。我的身体开始融化了，手、脚都不见了，可是意识还在……

【梦侦探解梦】

这一段梦境仍然是上一段梦境的延续，表达的是那种似乎被打入了“十八层地狱”并且在炼狱中被“下油锅”一样的感觉，这是嘻嘻所承受的心灵煎熬，是在自己对嘻哈哥哥美好愿望被打破后的强烈心理冲击。梦里的朋友，可能影射的是哈哈妹妹，也许嘻嘻姐姐会认为哈哈妹妹陷入这场情感之中，面临的也是十八层地狱般的煎熬。但是，哈哈妹妹太年轻，好奇心太重，不管结果如何，义无反顾地要加入这场“游戏”之中。而嘻嘻觉得这是一个陷阱，表达的是对哈哈妹妹的怨气，她觉得自己上当受骗了，哈哈那么竭力拉自己进来，其实是利用自己作掩护，自己完全上当了，所以掉进了油锅，承受着煎熬。

【噩梦四】

我梦见了电影《画皮》，在里面，我变成了佩蓉，头发都是白的，然后让王生来杀自己。王生哭了，但还是一刀刺入了我的心脏，我快要死了。我看到小唯在笑，我突然觉得，怎么会是这样的呢？这到底是真的还是在拍戏呀？可是，我不是演员呀，也不是佩蓉呀，我为什么在演《画皮》呢？导演也没有给我看过剧本呀，我的肚子和心脏都很疼，我再一看，在流血，原来那把刀是真的。我的意识模糊了。我看到王生掉了一滴眼泪，我跟他说：“别哭，别哭，我其实不是佩蓉……”然后，好像就死了……

【梦侦探解梦】

这一段梦境很有意思，嘻嘻在梦境中以电影《画皮》为道具，演绎了三人之间的情感关系。电影中佩蓉是原配，小唯是妖精，而王生鬼迷心窍杀死了佩蓉。这就正是嘻嘻心理的写照，认为自己才是嘻哈哥哥的红颜知己，但是，嘻哈哥哥却无情地抛弃了自己，这就如同用刀刺入自己的心脏一样。嘻嘻期望嘻哈哥哥不是有意要这么做的，所以梦境中王生掉下来一滴眼泪，但是，从嘻嘻的心理来看，这是既成的事实。小唯在笑，意味着哈哈是胜利者。但是，嘻嘻其实并不认同自己的悲剧角色，因为她安慰王生——“别哭，别哭，我其实不是佩蓉……”这一方面是对这种情感伤害的否定；另一方面可能也表达了嘻嘻觉得自己与嘻哈哥哥之间毕竟不是那种肌肤之亲的男女关系，而是超越这种关系的关系。因此，这种伤害可能并不像想象中那么严重，但是嘻嘻仍然感觉到一种痛彻肺腑的感觉——“我的肚子和心脏都很疼，我再一看，在流血，原来那把刀是真的。”

【噩梦五】

或许是一直在做噩梦的原因，我醒了，发现我的腿被自己抓了很多伤痕，又红又长又疼。于是我起身去洗了个澡，怕手指甲里有细菌。

洗的过程中，就在想，怎么做了这么多噩梦呢？反正也睡不着，还是把它写下来吧，有机会给梦侦探看，都是很生动的案例。于是洗完澡我就去写了，本来打算用嘻哈哥哥的笔记本电脑的，结果，打开都是乱码。只好找了半天的笔，终于找到了，就开始写了。

记在本子上了以后，我拉开窗帘发现天空还是白的，没有阳光，应该还早。看着嘻哈哥哥、哈哈妹妹都还在睡，我告诉自己，多睡一下。可能是已经把噩梦记下来了，我的情绪也没那么多问号了，似乎在写一件别人的事，只是觉得案例不错。

我想到上海的朋友明天还会跟我联系，要不，我就不去世博了，这样可以缓解我一晚上的躁动。毕竟，我还没有想好怎么处理自己的这个情绪。

于是，我上床继续睡了，就做了下面这个梦：

梦里和现在不一样，我是睡在靠边上的，不是像现在中间的位置。我左侧着在睡，依稀记得嘻哈哥哥问哈哈妹妹：我不在的时候，你们玩得好吗？哈哈吞吞吐吐，很小声地说着一些跟事实相反的事情。我的头都要爆炸了，感觉五雷轰顶，没想到姐妹之间无人在旁时说的一些小悄悄话变成了添油加醋的版本，我感觉背上一阵凉。我想翻过身来问她为什么要这样说，但我没这么做，因为人的本质是改不了的。

后来，天亮了，我们的导游叫我们去世博，我跟他请了一个假，独自一个人上了一辆公交车。公交车上是个图书馆，大家都在很安静地看书，我也拿起一本书，看着看着，我突然号啕大哭起来，情绪完全失控，哭得很伤心。周围的人都看着我，他们不知道发生了什么事情。后来，我身后有个人一把扶住了我，我回头一看，是嘻哈哥哥。我很想问嘻哈哥哥怎么没去世博，但是当时我太伤心了，越哭越厉害，坐到了地上，抽搐了起来。

车站到了， 我和嘻哈哥哥都下了车，我们去了一个课堂。在走道上，我看到了我的小学同桌和几个同学一起围着，好像在议论什么。我走过去，笑着跟他们打招呼，问他们在做什么。我的同桌递给我一张照片，我发现是我们小学时代的班上同学合影，我看见照片上的我笑得很开心，于是，我打算找同桌把照片要过来。我还没有开口，就听见另一个同学叫我的同桌，问他这个照片买了没有，赶快买下来，原来，这个照片是一个大会的慈善义卖品。

于是，我继续往前走，去一个教授上课的地方，到了以后，我和嘻哈哥哥没有直接进去，站在窗外看。果然，学生很多，我正打算进去听，发现教授拿着电话走到我们窗前，边讲电话边跟窗外的另一个人指示着什么。为什么讲课讲得很好的老师，会上课中途离场还接电话呢？于是我不打算进去了……

【梦侦探解梦】

我们看到，半夜嘻嘻醒来之后发现腿被自己抓了很多抓痕，又长又红，还很疼。这说明上一个梦为什么嘻嘻会感觉到一种被刀刺了之后真切的疼痛，可能与此有关。然后嘻嘻躺下来之后又继续做梦。可以将梦分为五段，表达了嘻嘻四种不同的情绪。

第一段是嘻嘻在恍惚中听到哈哈妹妹与嘻哈哥哥的对话，嘻嘻觉得哈哈妹妹在添油加醋地捏造事实，于是十分气愤。这段梦境其实是嘻嘻愤怒情绪的发泄，从发现嘻哈哥哥和哈哈妹妹的秘密开始，嘻嘻一直没有来得及在梦境中发泄自己的愤怒，一直到把所有的事情理顺一遍之后，嘻嘻终于在梦境中借助于哈哈的添油加醋发泄了自己的情绪。当然，这一段梦境也与现实中的一件事情有关，那就是嘻嘻将照片传到空间之后被人看到了，嘻哈哥哥有点不满，这时候哈哈向嘻哈哥哥报告说是嘻嘻可能没加密，这引起了嘻嘻的不满。这一段梦境也是源于这一件事。

梦境的第二段是早上了，大家都去世博，但是嘻嘻没有去，独自一人上了公交车，然后在公交车上号啕大哭，最后得到了嘻哈哥哥的安慰。这一段梦境其实表达了嘻嘻的心情，在发现了嘻哈哥哥与哈哈妹妹的秘密之后，嘻嘻再也没有心情跟他们一起去世博了。后面的号啕大哭，正是嘻嘻悲伤情绪的发泄，因为从发现秘密开始到现在，嘻嘻的悲伤情绪一直也没有得以发泄，因此在梦境中终于发泄出来。然后得到了嘻哈哥哥的安慰，这也是对自己悲伤情绪的一种安慰吧，因为嘻哈哥哥为了她也没有去世博。

梦境的第三段是下车之后看到小学同学在看小学合影，看到了灿烂的自己，想留住，但是不行，因为是慈善拍卖的，必须买下才行。这一段表达的是嘻嘻对过去与嘻哈哥哥以及哈哈妹妹美好时光的回忆，那是一段美好的时光，是开心快乐的时光，然而，这一时光已经一去不复返了。嘻嘻已经无法留住这张照片了，慈善拍卖在这里的意思是，自己必须放下这一切，留给真正需要的人。这里面包含了嘻嘻自认为的高尚心灵，只要自己主动放弃这一段感情，就会让嘻哈哥哥和哈哈妹妹继续这种美好的时光。

梦境的第四段是去听一个教授讲课，学生很多，看来是大家都喜欢的一个教授。但是，嘻嘻发现他在讲课的中场离开去打电话了，因此，产生了不好的印象，于是决定不听他的课了。在这段梦境中，教授是嘻哈哥哥的影射，因为嘻哈哥哥是一个公认的有魅力的男人，似乎很多人都喜欢他。但是，通过这一件事，嘻嘻认为嘻哈哥哥已经做出了她不认可的行为，没有顾忌大家的感受，觉得自己应该放弃了，于是在梦境中就表现为不想进去听他的课。

那天晚上做的所有梦境写到这里就完了，回头看看，我还真的是可以去做“做梦达人”了，一晚上做了五个梦。

第二天，我们三个人去一家咖啡厅吃饭，然后，等着去世博会。我说我很累，想回酒店，让嘻哈哥哥跟哈哈妹妹两个人去，但他们都表示拒绝了。

后来，嘻哈哥哥去上厕所时，哈哈妹妹告诉我她昨天晚上也做了一个梦，她觉得是因为昨天晚上睡觉前没有跟我聊天导致的。于是，我让她讲给我听。她的梦是这样的：

【哈哈妹妹的梦】

我梦到堂哥和表哥吵架，其中一个人头破血流，感觉很难受。

然后梦到原来公司的帅哥同事丁表示喜欢我，而我就逃避他。他为了让我开心，改变以往抑郁风格的画风，给我画很灿烂漂亮的画。他想约我，我没有去，而是和几个同学在一起。我忘记带手机了，担心帅哥丁找不到我会很焦急，但是后来他似乎知道了我没带手机。而这一切又像被家人发现了……

后来梦到快过年了，我的家好像也发生了变化，弟弟要去外地过年，只剩下我们几个，我更不开心了。然后梦到洗头发，水从天而降，不小心淋湿了旁边摆着的糖果。这时候小姨过来安慰我……

醒了，发现原来是在做梦。

她讲完以后，我的第一感觉就是与我有关的。她梦中的家人，其实说的是我，因为我们经常开玩笑说我是她的后妈，所以，她担心我发现了她的变化。还有一些事情，她也不知道怎么处理，有一些焦虑！

于是，我又跟她说了一次："待会儿，你跟嘻哈哥哥去世博，我真的很累，想回去睡觉。"

哈哈马上说："不行，这样，嘻哈哥哥会很失望的！你不去，我也不想去了！"

我感觉自己骑虎难下，一方面，她说的是对的，我也不想让嘻哈哥哥失望。另一方面，我不想她又娇滴滴地当着嘻哈哥哥的面说嘻嘻姐姐不去，我也不去了。这样，变成了都是我的问题。

去，就去了。于是，我穿着很不适合的裙子和高跟鞋去了。

一路上，我尽量告诉自己，既来之，则安之。我也知道不可能做到像往常那样很开心地蹦蹦跳跳，嘻哈哥哥可能会察觉到这种变化。不过，我想好了，到时就说高跟鞋走路很疼，所以笑不起来。结果我还是很平静地走完了四个小时的世博旅程。

本来，我觉得这个梦自己是不会解的，也不想去解。只是因为我觉得太精彩了，不能不说出来，这样会少了很好的案例。

然后，这一切在回家的路上，因为自己一个小小的动作有了转机。在路上，我习惯性地唱起了一首歌："有时候，有时候，我会相信一切有尽头，相聚离开，都有时候，没有什么会永垂不朽"——哎，真像现在——"可是我，有时候，宁愿选择留恋不放手，等到风景都看透，也许你会陪我看细水长流……"

我脑海里突然想起了嘻哈哥哥为什么会组织这一次的旅游。其实，我心里很清楚，不管发生什么事情，嘻哈哥哥在我心里都是很重要的人，是自己梦想的陪伴者、支持者。而我，对于嘻哈哥哥来说，也很重要。这一切，真的会因为什么事而改变吗？

我有的没的哼着："可是我，有时候，宁愿选择留恋不放手，等到风景都看透，也许你会陪我看细水长流……"可能是我哼唱得太多了，嘻哈哥哥走在后面，也无意识地跟着唱起来了，我的心情豁然开朗了起来。

其实，不管是误会还是事实，与我何干？

我根本不可能为了任何一件事让握在手中的风筝线断了。因为“梦想”已经开始了，沿路的风景我们还是得慢慢体会，一起努力前行。

而妹妹哈哈，对我而言，当初的那种“刺激”在于我对她的“认知”好像不足。其实，我们谁又真正了解谁呢？或许连自己都不能预知未来的自己，不是吗？

那么，就让我们随缘吧，不要刻意地为对方改变和掩饰，缘长缘短都随遇而安。

这样想通之后，有意思的是，当天晚上我又做了一个梦。梦见我跟乌镇旅游公司的陈总一起谈乌镇的发展。虽然我们聊的是不同的话题，但是很高兴，我让他给我留了个商铺，我说我对这里很有感情，想尽一些力量推动发展。他说好，他认为有感情的合作伙伴最重要，于是我们就一直沿着走廊边走边说边笑。

地球的公转、自转，我们也跟着一起旋转吧！

我不知道我这样写算不算自我解梦，或者，对读者而言，我只是在交代一件事、一次经历。

对我而言，若不是这些梦，我怎能知道自己最真实的想法，我怎能将情绪中的不良因子去掉，又怎能更加坚信自己要的是什么？

还是那句话，诚如：乌镇，来过就不曾离开！ 相信自己，就继续往前走！

我希望自己在心里许下的小小梦想都能够实现，也希望自己最真实的解剖，能让像我一样在生活中感知的读者朋友们科学解梦。

要登机了，再见，上海！

再见，美丽的，似水年华！

飞机上小睡了一觉起来后，写了一首小诗：《坚强的小孩》

坚强的小孩，不知道怎么喊疼

跌倒的伤口有创口贴愈合

坚强的小孩，不会说我也怕黑

只要心里有阳光就有晴天

坚强的小孩，不必问她累不累

懂得珍惜眼前自然能体会

如果你遇上这个坚强的小孩

牵着她，不要拆穿她是胆小鬼

如果你遇上这个坚强的小孩

告诉她，迎风流泪也会很美

如果你遇上坚强的小孩

教会她，开心难过

不须防备

谢谢身边这个很有绅士风度的帅哥为我收拾飞机餐垃圾，也帮我要来了毛毯，旅行结束！我还是快乐的！